U0958619

艺术治疗与
特殊儿童教育文集

赵 健◎主 编

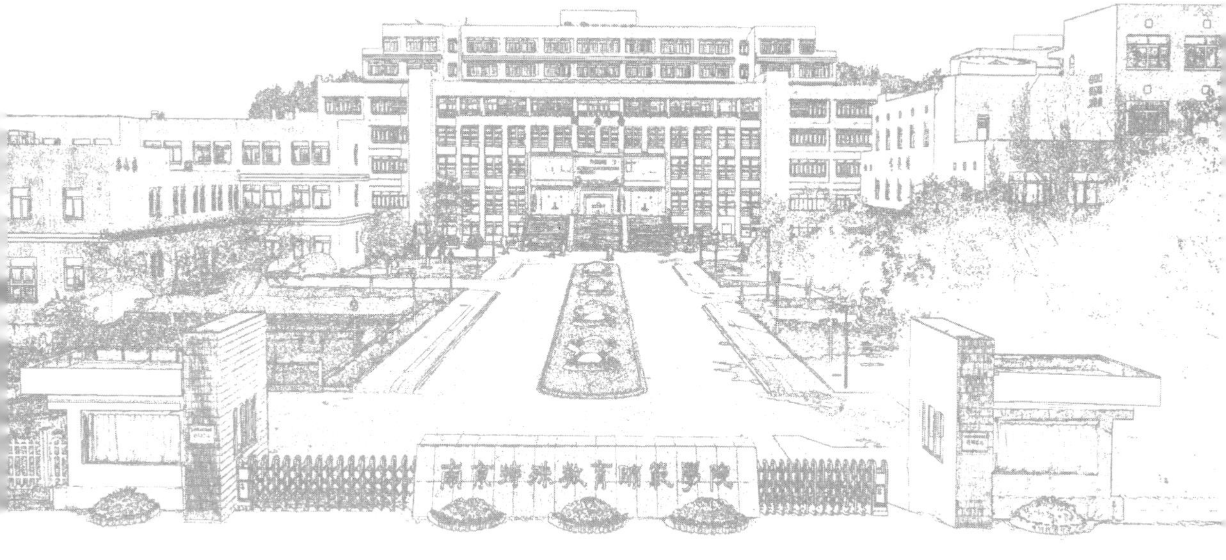

南京出版传媒集团
南京出版社

图书在版编目（CIP）数据

艺术治疗与特殊儿童教育文集 / 赵健主编. -- 南京 ：
南京出版社，2025. 6. -- ISBN 978-7-5533-5283-1
Ⅰ. G76；R749.055
中国国家版本馆 CIP 数据核字第 2025QN7768 号

书　　名　艺术治疗与特殊儿童教育文集
编　　者　赵　健
出版发行　南京出版传媒集团
　　　　　　南　京　出　版　社
社　　址　南京市玄武区太平门街 53 号
邮　　编　210016
联系电话　025－83283873、83283864（营销）　025－83112257（编务）

策划统筹　曾　逊
责任编辑　杨淑丽
特邀编辑　李　敏　严东波
装帧设计　王　俊
责任印制　杨福彬

排　　版　南京布克文化发展有限公司
印　　刷　南京互腾纸制品有限公司
开　　本　787 毫米×1092 毫米　1/16
印　　张　11.75
字　　数　161 千字
版　　次　2025 年 6 月第 1 版
印　　次　2025 年 6 月第 1 次印刷
书　　号　ISBN 978-7-5533-5283-1
定　　价　88.00 元

目 录

从“符号”走向“图像”
——听障儿童视觉认知转向的意义发现

顾　平①　田婧媛②

【摘要】 听障儿童在认知上主要依赖视觉，视觉认知是其接受教育的主要通道。听障儿童的“符号”语言阅读能力受限，又很难通过侧重符号媒介的语言教学来达到与正常儿童一样的认知水平。那么，在“符号”的视觉认知之外是否存在更有效的认知“媒介”则成为听障儿童教育寻求改革的关键。研究发现，“图像”认知的“形象化”特征，完全有别于往常语言教学中的“符号”认知，它在激活受教育者感性思维的同时，也成为人类感知世界的新途径，“图像语言学”理论因此而产生。“图像”作为一种特殊的“语言”媒介，实现了新的视觉认知。聋人间交流的“自然手语”，从侧面支持了我们的这一发现。由此我们得出结论：听障儿童视觉认知的新发现，实现了从“符号”走向“图像”的认知理念转变，“图像语言”替代“符号语言”，绕过了符号语言习得中“听”的障碍，引起了视觉认知中的思维方式变革，真正意义上的“视觉思维”以“形象化”为特征，形成一种适用于听障儿童成长的语际交流、社会交往与智力提升。

【关键词】 听障儿童；视觉认知；符号；图像语言

---

① 顾平，南京艺术学院艺术研究院院长、教授，博士生导师。研究方向：艺术史、艺术教育与美育。

② 田婧媛，东南大学艺术学院讲师、博士。研究方向：艺术史与艺术美学。

一、引言

在特殊儿童教育领域，对听障儿童及其相关教育的研究，一直是学术界关注的热点。目前的研究主要体现在三个领域：其一，关于听障儿童的视觉能力的研究。相比健听儿童，听障儿童的视觉感知力是展开一系列教育研究的主要对象；其二，围绕听障儿童语言教育的研究。语言教育是促进人类智力提升的基本通道，为此激活听障儿童的语言教育自然成为解决所有问题的核心；其三，侧重听障儿童心理问题的相关研究以及美术疗愈的探讨。这些研究成果及其进展无疑对本领域的研究推进具有建设性价值与意义。

本研究希望能换个角度来思考问题，为此有必要对现状再做观察。我们知道，听障儿童在认知上主要依赖视觉，然而他们是如何借助视觉认知来接受教育与展开日常生活的？这便形成了一种普遍的思维导向：既然视觉是听障儿童认知的主要依赖对象，那么激活视觉认知似乎就实现了既定的目标；而视觉认知的对象为可见物，主要有实物、语言描述的对象、图像呈现的对象等，故认知教育过程便是基于这三类“媒介”而展开。某种意义上，听障儿童对实物的认知也是基于语言的描述或图像的呈现而实现，语言描述成为其中的基本手段，因为图像只是转述实物的形态，本身并不实现本质认知。语言又以“符号”的形式而存在，在听障儿童教育的探讨中，研究者便设法借助符号语言的媒介实现对他们认知能力的培养。于是，“符号”的视觉认知便成为听障儿童展开“特殊教育”的出发点，尤其是对“语言”的教学，听障儿童的视觉效能是把语言看作“符号”而实现被视。这里的语言被提取的是其符号特征的“字形”，没有“字音”与“口语”。我们知道，单一的“字形”很难实现对“语义”的领悟，由词到句子，再到篇章，失去对语义的准确把握，阅读将难以为继。由此，这一思维惯性下的听障儿童语言教学，可谓困难重重。

正是这种单一依赖语言的符号特征展开的教学，国内外学者与一线教师不断探讨更为有效的途径来辅助语言教学的成功，于是语顺、口语、汉语手语、“双语”等讨论都被引入教学之中。也有学者与实验的教师早早地发现不同于符号的“图像”在视觉认知中的媒介作用，并将其引入语言学习之中而起着辅助作用。然而在探索与实施过程中，还是因为思维惯性，其定位仍然是依赖视觉对“符号”的认知而展开，“图像”的出现，只不过是形象化符号，或是借助图像的感知互动启发学生对符号的释读，最终还是指向语言的符号习得。

事实上，我们在语言教学上就遇到了极大障碍，听障儿童因为对“音”的隔膜，在语言习得中，无论是“口型”还是“字音”都不能有效地辅助他们通过对“字形”的视觉认知而实现意义的领会，更不要说思维方式的迁移，阅读理解教学最能折射这一困境。也就是说，在视觉的语言“符号”认知中，单纯的对符号的视觉感知是很难实现语言习得目的的，于是人们在语顺、口语、汉语手语等辅助性探索中，力求有效地帮助听障儿童通过视觉认知实现语言的学习。

在侧重“符号”的视觉认知惯性作用下，听障儿童的“图像”感知显然处于抑制状态，其严重性远远大于健听儿童，这必将造成听障儿童单一依赖符号的视觉认知，其思维方式也在过于理性的作用下，让感性思维处于停滞状态，激不起情感的点滴参与，某种意义上，他的右脑也处于沉睡状态。这种现象势必造成听障儿童某种心理缺失——缺乏情感、过于理性，这对语言学习也是非常不利的。

同时，我们还发现了一种有趣的现象。听障儿童先天的“自然手语”能力是支撑他们日常生活的最好帮手，而这种能力的获得，固然有天生的自发性的特征，但它也是借助自身的视觉认知功能，只不过这种视觉认知的方式非常类似于图像的认知而有别于符号认知，这表现在方向、位置、手形和运动轨迹等视觉要素的组成上。那么，我们为什么不能基于听障儿童的本能视觉认知去激活他们对图像的视觉认知呢?

基于以上的分析与思考，本研究将讨论两个重要问题：其一，视觉是否存在符号与图像两种不同的媒介认知通道？如果存在，其各自的机制如何？产生的效能存在哪些差异？其二，符号与图像作为被视对象，它们是否存在关联性？图像是否可以实现符号的某种功能？

二、人类视觉认知的“通道”选择

人类具有一种本能的视觉，它的认知是由视觉器官——眼睛的生理功能和大脑的心理机制共同作用完成的。人的感觉器官只是外界事物信号的“接收器”，它们负责收集各类可感觉的信号，然后输送给中枢机构——大脑，最后由大脑转换为感知到的信息，最终实现视觉认知。由此我们可以发现，人的视觉认知是分为前后两段分别进行的，前半段是眼睛的生理功能在发挥着作用，而后半段则是大脑接收信号进行心理加工。某种意义上说，人类的视觉认知不只是眼睛看到对象，而是对象被大脑所“看见”。

由此，感知由人的感觉器官与大脑中枢神经系统共同完成，其活动机制也清晰地分为前后两个阶段，即前半段的感觉器官的生理机制与后半段的大脑心理机制。人具有感知能力，首先是因为人的生理器官具备对外在刺激信号的反应、接受与捕捉功能，它属于自然生理现象。这种功能，研究表明并非完全是“天生”的自然现象，虽然作为特殊的生物体，人在胎儿的孕育期就显示出一些感觉表征，但生理器官的感知功能主要还是在出生后通过多种复杂的环境因素影响而逐步激活的。这里用了“激活”一词，是想说明，人的生理感知能力虽然与后天的训练有关，但不能忽略人的生理“演化”所表现出的遗传特征。人在成长中感知能力的提升是通过“激活”这些生理机制才得以实现的，这是人出生后所表现出的稳定性生理特征。

感知的“心理机制”又是怎样的呢？人在成长过程中的感知，实际改变的并不是生理器官的感知机能，而是心理机制影响下的感知效果的提升。也就是说，儿童与成人具有同样的感知生理机能，但却有完全不同水准的感知心理机能。这个问题比较复杂，脑神经科学的研究还处在进程中，但心理学对“认知结构”的讨论有助于对大脑认知机制的了解。① 心理学家弗拉维尔曾描述“认知结构”是“由一系列认知项目按照某种联系方式而构成的一个有组织的整体。它具有两种显著特征：一是构成组织的元素的存在是相对稳定的、持久的，而不是暂时性的；二是结果是存在于表面行为背后的基础，具有共同性和潜在性，由结构所支持的现象可能是多种多样的，但结构的实质却是稳定不变的”。② 有学者将这种“认知结构”的成分设定为：元成分、操作成分和知识获得成分三种。它对应的三种职能为：编码（对刺激信息进行定义并在信息加工系统中予以表征）、联系（对不同信息进行比较和联合）与反应（对刺激信息予以应答）。③ “认知结构”对神经网络传输来的信息，首先进行有效选取，留下符合情境的关联信息，忽略其他无关的信息，并将新信息与大脑记忆储备的“前经验”（即心理学理论中的“前见”）相联系，最终转化为感知需要的结果。也就是说，“认知结构”是对刺激信息的获取、提取与转换的感知，结构中的三种成分各司其职又相互协调，共同完成对刺激信号的回应，折射出大脑神经中枢复杂的“运算”过程。由此，人的认知能力的培养，是通过对“认知结构”三种成分功能不同程度的激活，并提高其有效性及结构各元素作用的熟练程度而逐渐实现的。“认知结构”本身不发生变化，就个人而言，其“认知结构”是自带的恒定组织。

由上面分析可以看出，感知的有效性与能力的提升需要依赖“认知结构”各项功能的激活与强化其熟练性，而实现它的唯一途径与感官的生理机制一样，仍然依赖实践。从心理机制的角度看，感知实践其实是大脑对信息的处

① 陈英和《认知发展心理学》，浙江人民出版社，1996年，第76-78页。

② Favell J. H. Stage-related properties of cognitive development. Cognitive Psychology，1971，2，421-453.

③ 这是美国心理学家斯腾伯格提出的著名“智力三元论”理论。参见［美］R. J. 斯腾伯格《超越IQ：人类智力的三元理论》，华东师范大学出版社，2004年。

理训练，我们可以把它设定为两个变量——操作与储存，即感知实践训练对大脑认知改变的是认知操作与经验存储。依据“认知结构”的工作机制，进入大脑神经中枢的信息要想最终实现转换，必须经过前期的信息操作加工（包括获取与提取）与后期的“前经验”参与的转化，操作技能的提升与储备信息量的增加是认知效率提升的根本保证。认知发展心理学研究表明，操作技能的提升在认知发展中是有限的，并非具有无限量的增殖，从儿童到成人，通过不断的实践，对信息操作加工技能很快达到一个恒定值，但信息储备却可以无限递增。也就是说，负责信息操作的“认知结构”一旦予以激活并达到熟练程度，感知能力的提升便全依赖你的“前经验”储备，人的感知能力的差异将见之于你通过实践而储备的经验！①

通过对感知生理与心理机制的剖析，我们知道，要想激活感知效果，广泛的感知实践及由实践带来的“前经验”积累至关重要。一个人的感知能力的大小与敏感度，完全依赖他的“前经验”的储备量与在感知参与中的活跃度。但是人的感知对象非常丰富与复杂，那么在感知过程中储备的“前经验”混杂而无序，这些“前经验”究竟如何被大脑调动而参加感知判断呢？

在人储备的复杂的“前经验”中，大体上有两种性质不同的对象存在：一类是基于感知中“知识”的纽带作用而积累的经验，我们称之为“知识经验”；一类是基于感知中“感觉”的链接而生发的一种经验，可以名之为“感觉经验”。也就是说，如果是单纯有“知觉”参与的感知，这种认知就是通常所说的“认识”，它积累的“前经验”就是“知识经验”；而知觉虽有参与但并不主导感知，它的认知我们称为“觉知”，感觉始终起主导作用，它积累的就是“感觉经验”。这种细微分辨非常重要！也就是说，人的感知会自然形成两种通道来实现认知：一种是单纯以“知觉”的感知，知觉链接着“概念”获得“认识”；另一种是知觉非活跃的感知，较多依赖“感觉”获得“觉知”。

① Case R. Intellectual development：A systematic reinterpretation. New York：Academic Press，1985.

前者是理性（偏重科学）认知的渠道，后者是感性（偏重艺术）的认知行为，它们携手共同为人类认知大千世界而服务。

那么，面对两种通道的感知，我们如何去选择呢？我们应该确认两种通道对人的认知都非常重要，缺一不可。但又不能过于偏颇，执其一端无疑对人的生活或工作会带来不利的影响。在选择的策略上，大体有两种方法可供参照。其一，依据感知对象的性质，去确定选择的通道，实现更好的感知效果。比如说，我们在感知艺术作品的时候，毫无疑问会更多地依赖自己的“感觉经验”，艺术作品的最大特征是因“感性”而存在，艺术家再好的想法也必须通过他创作的艺术形象予以呈现，而我们对艺术作品的感知，是对艺术作品中感性的艺术形象的“觉知”，链接的是人的情感。而从事理论或科学工作，其感知更多地需要“知识经验”来支撑，感知所呈现的推理与论证过程，可谓环环相扣，非常具有逻辑性，必须排除“情感”性因素，而恰恰是知识与概念才是感知过程中的重要助手。其二，为了平衡人的思维状态，也是选择通道的一种依据。神经生物学研究表明，人的大脑分为左右半脑，左脑神经元较多关联理性与抽象，而右脑则与人的形象思维有关。当然，左右半脑并非完全分割，它们也会联动实施信息转换。如果一个人总偏向于感性或理性的思维状态，他在感知中就会失去平衡，造成的后果会表现为思维方式走极端，对人的精神伤害极大，同时也不利于左右大脑的联动，偏向于半个大脑在进行“运算”，其转换的结果很难具有创造性。

本选题要讨论的“符号”与“图像”，恰好对应着前面所提及的两类不同性质的对象，显然在感知过程中，对“符号”的视觉感知应选择“知识经验”的通道，而对“图像”的视觉感知则应选择“感觉经验”。进一步分析，基于“知识经验”而展开的视觉认知，知识经验成为“前经验”，在认知过程中，链接视觉观感所接受的信号，进而在神经元的作用下给出认知的结果。而基于“感觉经验”而展开的视觉认知途径，这时“感觉经验”置换了“知识经验”而成为另一种“前经验”，但人的视觉感知对象之后，不再是基于“知识经验”而直接进入“知觉”状态，从而链接概念给出结果，而是在“感觉经验”的作用下，让感觉“驻留”，形成一种“觉知”状态，其视觉认知的结果就不再是知识组成的概念，而是具有形象特征的形态，对象的意义也由抽象的概念变成了情感体验。前者实现的媒介是具有“符号”的特征，而后者则呈现出“图像”的存在。这种因感知对象的不同而引起的不同感知结果，完全依赖我们对感知“通道”的准确选择。

三、 视觉认知的“图像”转向与“视觉思维”

人的视觉具有认知功能，这是基于人的日常行为与接受知识教育而被认同的一种本能。人类是通过观感的视觉功能来获得这一认知的，而且因其视觉对象的不同，其实现的方式存在着三种不同的差异，即眼睛视觉范围内的客观物象、语言文字所描述的对象、图像对物象的摄取与表现。前面两类方式我们都非常熟悉，而且也是人的日常认知最为便捷与使用最为广泛的行为，只有第三条方式存在较多歧义与不同理解，值得我们进一步考察。尤其是在今天的所谓“图像时代”，对其展开讨论，颇有几分耐人寻味之处。

基于“图像”的视觉认知，我们也不陌生。过去，我们观看摄影与绘画时，通常运用的就是这一方式。通过摄影对现实世界的记录，我们可以获得较为准确的间接认知，物象及其关联的故事，有摄影延伸的影像，只是在程度上与丰富性上有进一步的拓展而已。同样，绘画提供给我们的视觉认知，可能要基于“绘画语言”的媒介来实现，只要我们熟悉绘画语言之后，其所表征的图像，一样可以实现认知的目的，虽然其中存在多种“答案”，但其认知的原理并不复杂神秘。

那么，我们为什么要提出一个“图像”转向的命题呢？这里所谓的视觉认知的“图像”转向，是指原本较多基于文字符号进行认知的本能，因为“图像”的介入，它给我们在认知上带来哪些或许会被忽略的结果？其背后的原理即是前面所提及的，视觉认知，在基于“符号”的文字语言认知习惯之外，如果选择“图像”来替代符号性的文字语言，即实现“转向”之后，人类的认知行为会不会实现一种本质改变，从而获得一个特殊的效能?

从认知的角度对“图像”的研究主要有两个脉络：一是源于美术史领域的图像研究，是从19世纪图像学基础上发展而来的“现代图像学”；另一脉络是从语言符号学基础上发展而来。这一脉的学者将图像作为一种非语言符号看待，重点研究其象征和文化意涵。其中，巴特的《图像修辞》以语言结构的方式研究了图像表意层次，影响深远①，随着符号学深入图像研究，“图像符号学”应运而生。正是在上述背景下，米切尔提出了一个重要命题，认为符号学不足以处理的图像是因为它“基于像似性构成”，这就是米切尔著名的“图像转向”理论②。米切尔基于“三类符号”理论，即像似符号、指示符号和象征符号，形成了现象对应：形象像似——像似符号、图表像似——指示符号、隐喻像似——象征符号，而“形象像似”是一种直观感觉，是最具“直接感”的符号，并且形象像似的图像因其形象感而使得它“不像”符号，其符号性也备受争论。但是，像似性并不因其形式特征而违逆社会规约性，它同样具有符号的某种功能性。就内涵来看，符号是一定社会规约下，意义在感知对象载体上的投射，其外延是一切可被感知的“事”与“物”。因此，载体的任何物理外形特征关系均无法取消载体的“符号性”，因为人对符号寻求意义解释是无限可能的。如果像似性于图像的符号性无碍，米切尔提出的“图像转向”及“后符号学”命题就激活了“图像”作为视觉认知的特殊意义。首先，米切尔所谓“后符号学”命题并非符号学“之后”，而是“语言符号学”之后。这是对“语言转向”的反拨与挑战，是试图对语言一直以来的“元符号”地位的挑战。图像转向意味着图像本身获得某种主导地位。这就要求建立一门更尊重图像性特质的“图像符号学”，而非完全根据语言模

---

① 罗兰·巴特《图像修辞》，载《语言学研究》第六集，2008年。

② W. J. T. 米切尔《图像理论》，北京大学出版社，2006年，第7页。

式来解释图像。其次，图像转向命题的另一重要价值是，这种后语言符号学的“图像符号理论”构想拓展了人类视觉认知方式，或有可能改变既往单一的以抽象符号语言作为媒介，带业来人类思维方式的改变。本课题正是基于米切尔的“后语言符号学”对图像符号功能的重新定位，思考在听障儿童认知能力培养上，是否可以通过“图像”的认知媒介新功能，形成一种不同于抽象符号语言的认知，并建构出由语言发展出的思维，以弥补他们因缺失听力而失去的认知通道。

关于视觉认知，阿恩海姆早年基于完形心理学运用格式塔原理深入分析了视知觉与图像的关系，并由此扩展到对视知觉的理性本质的理论探讨，进而发展出“视觉思维”理论。其中最为重要的是阿恩海姆深入讨论了“知觉”与“思维”的概念及其相互关系以及在人的认知中的作用。阿恩海姆认为，“思维”的认识活动并不是那些比知觉更高级的其他心理能力的特权，而是知觉本身的基本构成成分。人的认识活动就是指积极地探索、选择，对本质的把握以及对问题的解决等。而这样一些认识活动并不是哪一种心理作用特有的，它们是人的意识对任何一个等级上的认识材料的处理方式。我们没有任何理由把知觉与认识活动区别开来。换句话说，我们没有任何理由去制止人们把知觉中发生的事情称之为“思维”。事实上，没有哪一种思维活动，是我们不能从知觉活动中找到的。因此，所谓视知觉，也就是视觉思维。视觉思维是一种具有普遍性的思维形式。它涉及人类的一切活动，从抽象的理论到实际的日常活动。正如阿恩海姆所说，艺术家、科学家乃至任何一个大脑中正在思考着解决某一问题的人都具有视觉思维，也就是说，“视觉思维是适用于一切领域的”①。然而，视觉思维又是一种具有独特意义的思维形式。它自始至终都借助意象来进行思维活动，具有非逻辑思维的基本特征，是一种典型的创造性思维。R·H·麦金把视觉思维定义为观察、想象、构绘三种视

① 鲁道夫·阿恩海姆著，滕守尧译《视觉思维》，光明日报出版社，1987年，第346页。

觉活动的相互作用。麦金认为，视觉思维可能主要出现在看的前前后后，或者仅仅出现在想象中，或者大量出现在使用铅笔和纸的时候，但是有经验的视觉思维者却能够灵活地利用所有这三种意象，他们发现观察、想象和构绘之间存在着相互作用。① 在视觉思维中观察、想象、构绘活动是交替进行、不断变化的。他们或许在直接的观察中获得了解法，或许在心灵的想象中作出了选择，或许在随意构绘中产生了设想。但每一种知觉方式都不会是纯粹单义的，它们总是不断从一种意象转向另一种意象。他们的解题过程是在感性的内在的和图示的意象之间进行着，直至问题获得最终解决。

近三十年来，脑科学取得了突飞猛进的发展，最引人注目的突破之一就是 1981 年诺贝尔奖获得者、美国加州理工大学教授罗杰·斯佩里的“裂脑”研究。该研究第一次科学地揭示了大脑两半球的功能专门化或特化现象。左右脑功能分工研究的种种实验表明，人的大脑左右半球的功能是高度专门化的，它们分工明确、各有优势。左半球是语言和抽象思维的神经中枢，它长于语言、计算、分析、逻辑推论等；右半球是形象和直觉思维的神经中枢，它长于空间知觉、形象识别、综合、直觉等。至此，我们可以清楚地看出，视觉思维是大脑右半球的独特功能，是人的右脑半球对客观存在的反映形式。这种新旧知觉信息的同构活动是复杂的，甚至是无意识的。在无意识活动中，大脑处于一种高度的自由开放状态，使新输入的知觉信息和积淀的知觉信息的同构活动十分活跃、愈益加快，从而容易获得一个全新的“知觉形象”。这种全新的“知觉形象”又反馈给左脑进行逻辑鉴别，如不符合要求，则以新的“目的意象”送给右脑的视觉思维，如此反复多次直至获得一个符合目的的推论结果——“简约合宜”。

米切尔的“图像转向”带来的“后语言符号学”理论，拓展了图像的语言学功能；而阿恩海姆的“视觉思维”则是基于视觉对图像的认知而延展出

① M·H·麦金《怎样提高发明创造能力》，大连理工大学出版社，1991 年，第 13-14 页。

的“知觉”心理，是超越抽象思维的直觉思维，同样可以转化为一种认知世界的思维方式。联系本选题，如果我们可以设法让听障儿童通过图像来寻求一种新的认知，进而借助“视觉思维”的引导，将之转化为一种新的思维途径，那么，这将从本质上改善听障儿童因为学习符号语言的困难而失去的认知世界的能力。而听障儿童对“自然手语”的敏感，也从侧面佐证了这一认知通道的可能性。

四、从“符号”走向“图像”，听障儿童认知教育的意义发现

“符号”作为媒介在视觉认知中的作用与特征是我们最熟悉的，也是正常人使用最为广泛的语言认知方式。符号系统给予我们它所独有的一套词汇及结构，以塑造我们对现实世界的理解。于是，现实世界被纳入符号系统的模塑之中，以致我们的思想行为受到符号系统的规范与控制。知识作为载体就是最寻常的符号媒介，人类所接受的教育主要是知识教育，人在成长过程中，正是通过知识的累积，丰富着他们认知世界的经验，“知识就是力量”也成为人类发展的一条颠扑不破的真理。

然而，通过前面对人类感知方式的破解，我们清楚地认识到，人们在感知大千世界的过程中，除了积累各类有用的知识经验之外，对象的“形象特征”也在感知过程中形成一种另类经验——感觉经验，它是基于人的感觉与对象形态及其时空状态的碰撞、作用而“留痕”的一种经验，故我们曾有“知性感知”与“觉性感知”的分辨，目的是重新厘清人类认知世界所存在的不同途径。而“觉性感知”借助的媒介正是“图像”。从符号到图像的转换事实上就是认知通道选择的差异。符号作为认知媒介，对应的是“知性感知”，它是基于人的“知识经验”给出的认知结果；而图像作为认知媒介，选择的是“觉性感知”通道，它是基于人的“感觉经验”给出的判断。同样都是认知结果，他们是否存在差异？两者认知结果是否有效且可以实现互通？也就

是说，基于符号媒介认知的结果，已经成为正常人感知世界的基本方式，那么由符号走向图像，媒介有了置换，其所获得的感知结果是否有效？是否等同于符号认知？

我们前面讨论了米切尔“图像转向”带来的“后语言符号学”理论，坚信图像不仅可以成为一种新的语言媒介，来帮助我们认知世界，而且它也应该有自己的“语言系统”——基于直觉所生成的“意象”，形成意识与判断。这也是阿恩海姆“视觉思维”心理学所支撑的理论。也就是说，如果图像足以形成一套“语言系统”，那么我们基于图像媒介的感知就可以发生，它与符号媒介一样可以辅助人类的行为，实现生活与工作，甚至以另类的方式推动人类的前行与发展。

回到本命题——听障儿童的视觉认知，我们是否可以借助“图像”作为媒介来实现新的“语言系统”，从而改变既往基于“符号”媒介的语言认知？前面的讨论似乎在理论上为我们提供了较为完备的思路，那么这些理论是否可以转化为应用的实践，进而展开实验获得较为满意的推广成果？

听障儿童的视觉认知与健听儿童的视觉认知是存在差异的，主要表现在，健听儿童的视觉认知是伴随听觉的辅助性感知而展开，也就是说，健听儿童在利用其视觉感知过程中，因为有了听觉的参与，链接思维的途径与效能均明显好于听障儿童。而听障儿童因受其听力障碍的影响，口语相对较弱，其习得语言的能力单一依赖“字形”的视觉辨识，其认知能力受到严重影响。在语言学习中，文字的视觉观感常常伴随字音的听觉认知，强化了健听儿童的释读能力。其实口语的发声也起着另一途径的辅助作用，而听障儿童的视觉认知主要是对“形”的辨识，链接其“符号”意义必须借助其他途径的帮扶才能实现。基于这一困境，在听障儿童的语言教育中，常常借助“手语”“手势汉语”（也称文法手语）、“唇读”等方式弥补其听觉的缺失。由于听不到、听不清或无法理解声音，听障儿童更多采用视觉语言（如手语）作为获取信息及沟通交流的主要方式。手语具备自然语言的属性，被认为是听障者的第一语言，本国的书面语言则是他们的第二语言，他们在学会阅读之前，主要通过视觉语言（手语）来获取信息和沟通交流。但目前大部分从事聋人教育工作或是和聋人打交道的听人更多使用的是一种“手势汉语”，也称“文法手语”。值得注意的是，这种“文法手语”是以汉语语法规则为基准，仅是听人与聋人之间的一种沟通方式，绝非真正意义上的手语。

这种侧重听障儿童视觉认知的语言学习研究与实验，常常锁定在语言的“符号”形态上。在“手语”的辅助效应被广泛推广之外，也有少部分涉及“图像”的视觉认知研究，但仍然是基于语言学习的“图形”（绘本）、“图示”（形象化）的辅助性探索，这便是学界所提及的“知识可视化”。知识可视化利用视觉表征技术来改善两个或两个以上人之间知识创造和传递，可以用来建构和传递复杂见解的图解手段。所以“知识可视化”不仅包括“图解表征”，还包括各种能够促进知识“创造”与“传递”的视觉表征手段，如图像、图形、图表、视频、动画等。简而言之，知识可视化就是将一切抽象的事物、过程变成图形、图像等。这一切都还是围绕抽象的符号语言展开教学的辅助探讨，并不能改变原有的“符号”认知的行为与观念。那么，我们转换思路考虑一下，如果没有这些辅助手段，听障儿童的语言教学是否就无法展开？语言的符号功能是否必须依赖其他途径才能在听障儿童中获得效果？离开这些辅助符号语言习得的途径，“自然手语”却给我们提供了另一种不一样的思路。

自然手语就是最好的图像视觉认知生活实践。自然手语是聋人之间世代传承而来的、日常社交使用的视觉空间语言。自然手语由方向、位置、手形和运动轨迹等视觉要素组成，并有其自身语法规则，它配合面部表情在三维空间中按照一定的语法规则来表达特定意思。这里的手形、动作、位置和方向既是手语词汇构成的四个要素，也是手语词的“语音”。与书面词语不同的是，手语词具有很强的像似性。像似性是词汇与所表征事物的理据程度，特别是对所表征事物的模仿程度。例如，词语“椅子”的手语表达就是比画椅子的外形。手语词汇与口语词汇一样，也具有“心理词典”，并且手语词汇的“心理词典”中包含了词汇的语义信息，也包含亚词汇的手语语音信息。在口语中，单词的语音信息是随着时间而展开的，因为说话者每次只能产生一个音，具有序列性。但是手语作为一种视觉语言，则是同时呈现出来的，手语的语音结构可以同时呈现，具有同时性①。因此，有研究者认为手语词是在整词水平上进行加工的，手语像似性更多地与手语词汇的语义相结合，当出现像似性特点时，与词汇有关的语义信息就会被自动激活，对手语词汇的识别起促进作用②。因此，我们常说的聋人手语是指由方向、位置、手形和运动轨迹等视觉要素组成，并有其自身语法规则的自然手语③。

“手语”等相关辅助手段的讨论引起了我们的进一步思考：从视觉语言到视觉图像，视觉语言是手语，为什么他能理解手语的意指，而不易释读文字语言？手语也是以比画的“符号”造型而被视觉捕捉，文字的符号造型为什么不易被视觉接纳？要区别健听者与听障者是面对语言符号过程中的心理反映，前者是释读中，依赖的是字形，伴随着字音的听，这一辅助是听障者所没有的；另一方面，前者还有口语的辅助，固化了释读的记忆，后者也缺失了口语的伴随。也就是说，听障者在依赖视觉的过程中，没有听觉的辅助，视觉的效应会显得很单一，激活不了听障者的语言接受。如果我们能借鉴“自然手语”中运用的“像似性”理念，让听障儿童视觉认知的对象从抽象的语言“符号”转换为像似性的“图像”，这时的图像也就成为新的语言媒介，避免了文字语言符号造型的非图像化。如果将图像转化为语言的媒介，通过系统训练，听障儿童的思维方式也将由“图像语言”的引导而形成独特的模

① 邓慧兰、姚勤敏、林慧思、冯晓雯、施婉萍《手语双语研究对聋人教育的启示》，《当代语言学》，2011年，第13卷，第2期，第175-187页。

② 陈穗清、张积家、吴雪云、高珂娟《语义类标记在中国手语词词汇识别和语义提取中的作用》，《心理学报》，2012年第44辑，第1004-1014页。

③ 陈穗清、张积家、李艳霞、张惠霞《手语词识别的影响因素探讨——手语词的两个网络系统及其交互作用》，《心理学报》，2015年，第47辑，第878-889页。

式——“视觉思维”，从而开启属于他们自己的视觉认知新坦途。当代装置艺术家徐冰先生所创造的“地书”呈现的或许就是这一思路①。

五、结语

米切尔的“图像转向”理论所延伸出的“图像符号学”，被看作是“图像”具有语言符号功能的新理念，于是便出现所谓“后语言学”的称谓。图像即语言，由此引出“图像语言学”的新理论。它提醒我们，图像同样具有语际交流与侧重于语言传播的视觉认知功能。人类认知一直存在两种通道：一类侧重于“知识”作为经验的认知，表征为由感觉到知觉进而实现认识的心理机制；一类依赖“感觉”作为经验的认知，呈现出“直觉”的特征，认知过程中“感觉”始终存在，处于一种“觉知”状态，阻止了单一的知识链接，对象“形象性”被激活，最终实现一种新的“意象”认知。第二种认知通道也就是阿恩海姆“视知觉”理论引出的“视觉思维”，呼应了图像具有独特的“语言”媒介的作用，图像由被视而超越单纯的知觉，进而呈现出思维的品性。“图像语言学”理论激活了以图像作为媒介的新的视觉认知方式，可以有效地辅助听障儿童的认知教育，改变既往因听力缺失难以通过常规语言教学的弊端，对接了聋人“自然手语”的天然优势。

听障儿童教育是一项弥补性教育，要将听障儿童当作正常儿童去塑造，视觉认知是其接受教育的主要通道。为此，激活视觉认知显得极为重要。“符号”认知是所有教育都依赖的媒介，听障儿童自然也不能舍弃，但“图像”作为认知媒介，更是听障儿童教育过程中的重要媒介与手段，具有特别的意义。

---

① 徐冰《地书》，广西师范大学出版社 2012 年出版。《地书》是一套用“标识语言”写成的可读小说。为配合此书，还制作了“字库”软件。其创作理念，就是改变过去依赖文字符号进行交流的思维惯性，希望开启一种以“图像”为新的符号语言的认知途径，与我们讨论的问题及解决思路非常类似。

障碍者手足在生命不同时间点之需求与服务期待

——中日援助模式的构建

吉沅洪①

【摘要】 在残障人士家庭中，除了残障人士和照顾者需要大量的协助与关怀服务，其他的家庭成员，如健康手足也是需要关注的对象。本次研究以中日两国不同障碍的残障人士的手足为对象开展生命线绘画法和半构造化访谈，采取修订版扎根理论对访谈内容进行分析，明确了中日两国的健康手足在自己的生命中不同时间点的需求与服务期待的异同点。结果显示健康手足的援助需求集中体现在亲子关系和手足关系上，在为健康手足提供援助时，需要在保障残障手足的前提下，再去援助健康手足探索符合自己的生活方式。在研究的最后，基于中日两国健康手足援助需求的异同点，建构了符合亚洲文化的健康手足生态系统援助模式。

【关键词】 残障人士手足；援助需求；发展阶段；扎根理论；生命线法(Life-line Method)

① 吉沅洪，立命馆大学人间科学研究生院教授。

一、 背景·理论

本研究中，根据中国残联规定，称有不同障碍人士为“残障人士”，另外为了便于区分和理解，将残障人士的兄弟姐妹称为“健康手足”。本次研究是研究者在2017—2020年间开展的日本科学文部省的一个为期四年的研究课题项目。

1. 契机

研究者在日本长期从事学校心理咨询工作，在工作中，经常能够见到这样的场景：特殊班级里的班主任需要请孩子的家长在材料上签字，因为有特殊需求的孩子无法解释清楚老师的要求，班主任就会将健康手足从其班级叫出，并把资料给这个手足，让其回家让家长签字，签完字再重新交给老师。当看到这个场景，研究者内心有很大的触动：明明健康手足自身也还是个孩子，甚至可能比有残障的手足还年幼，但却要为残障手足提供帮助，在老师和家长的期待中扮演健康手足的角色，由此触发了研究者开始研究关于健康手足的援助课题。

2. 家庭系统

最早倡议残障人士家庭次系统的学者之一Turnbull教授夫妇根据长年协助及提供残障人士家庭专业服务的经验，提出了“家庭系统”的概念框架。他们认为在家庭系统中，夫妻、亲子、手足等家庭次系统都是影响家庭凝聚力和适应力的重要脉络。随着时间变化，成员们经历各种残障人士的发展阶段和过渡性特殊事件，也将促使整个系统发生改变。

换言之，当我们在服务残障人士的同时，也更需要深入这些家庭的照顾者、手足等次系统及家庭生命周期，贴近这些家庭成员的长期生命样貌，提出相关政策及服务构念，才能真正系统性地为残障人士家庭减轻生活负担、提高生活品质。

3. 健康手足的先行研究

研究者在对国内外文献进行阅读以及个人长期参与手足相关服务时都发现，我们目前在学术或实务方面对手足这个家庭次系统的理解都不够充分，继而能够提供的服务或社会资源更是有限。因此，本研究针对“障害者手足在不同时间点之需求与服务期待”，深度了解这个因拥有障害者而需经历不同一般家庭生命历程的手足族群，他们可能会有相关经验的需求。

关于手足的先行研究发现，健康手足因为残障人士的存在而受到或好或坏的影响，也可能是正、负面交织的复杂影响（吴月娟，1999；Seligman & Darling，2007；李怡君，2011；田仓，2012；松本，2012；王仁英，2013；阿倍，2015）。在正向的影响部分，健康手足表示会对残障人士抱持正向情感，并认为自己因此有了成长；负面影响中显示很多手足一方面感到自己在成长过程中被父母忽略，由此引发更深层次的伤害；另一方面会为自己的健康感到罪恶，并对未来生育子女感到不安。也有手足会因想回应父母的期望，照顾残障人士，而改变自己的职业生涯规划。

后续的国内外研究也都显示，父母在忙于照顾障害者时会因和手足疏于沟通而表现出的不予关注，会让孩子特别感到压力和困惑，这种不论是生理或心理上的缺席，可能引发孤立、感到不公平、自责、手足竞争、怨恨等多种情绪和行为，影响健康手足的自我认同与调适。手足也常常要承担父母的期望，协助照顾障害者、达到补偿性的成就表现，或变得过于早熟，此一现象在姐姐们的身上更为显著。

身为手足的作家 McHugh（2003）则在其著作 *Special Siblings: Growing up with someone with a Disability* 中依照手足从儿童到成人的各生命阶段，按顺序指出在儿童时期，手足最需要从资讯上理解障害者的症状和自己是否会发病之外，理解父母的悲伤、获得关注、有些成就表现、情绪的觉察和因应都是很重要的；到了青少年期，青春期的焦虑、面对新朋友的尴尬与融入，追寻自我认同，以及愤怒、挫折、罪恶感和爱与骄傲等多样情绪交错出现，也要开始学习向外寻求帮助。进入成年阶段，除了应该稳固自己的情绪和社交支持网，也会开始有亲密关系、职涯规划、自己的生育计划、障害者的照顾都是需要去面对的。

在中国以残障人士为对象的研究居多，也是较早出现，如闫洪丰等人（2013）使用《中国心理健康量表（残疾人版）》，在全国范围内选取了 2 603 名不同类型的残疾受测者，分析了我国成年残疾人的心理健康现状。其次是关于社会福利的研究，探讨政策以及社会工作的开展，如何玲于 2016 年进行了关于我国残疾人社会福利发展路径和特点研究。从残障人士的援助发展史来看，援助对象从残障人士自身，到以家庭为一个系统，如尹银（2011）实施了家庭、社会支持和残疾人服务需求研究。之后到此系统，最初是援助残障人士的父母，李静和王雁（2015）通过为期两个月共八次的小组辅导活动对 12 名学前残疾儿童母亲进行干预，以考察小组干预对降低学前残疾儿童母亲亲职压力水平的有效性和适用性。随后开始关注并援助健康手足。所以手足此系统援助是较晚出现，目前搜索先行研究，以健康手足为直接研究对象的研究少之又少，虽然有机构和组织已开展了具体的援助，但健康手足的研究尚在探索和发现中。

在日本对健康手足的先行研究中，早期的量化研究大多探讨健康手足受到影响（不适应和心理压力）的诸多要素，如出生顺序以及与残障人士的年龄差（西村・原，1996）。近期，很多先行研究开始尝试和讨论如何援助手足，如滝岛（2020）探讨了手足援助与教育机构的合作的可能性。阿倍和神名（2015）基于健康手足特有的困难和烦恼都扎根于与家庭关系上的思考，开发了家庭成员共同参与的援助计划，通过时间验证该计划对于改善健康手足对于残障人士的负面情感以及亲子关系上是否有效。除此之外，也有质性研究探讨健康手足。2013 年，笠田以 14 名中年期的手足为对象，开展半构造化访谈，用重视人类的多样性和复杂性的分析方法 TEM（Trajectory Equifinality Model，多重路径统一性模型）开展分析，明确了智力障碍者的手足的生命周期中的人生选择历程，其结论为虽然手足看似有很多人生的选项，但由于受到文化及社会的压力，大多手足还是倾向于往支持有障碍的手足的方向发展。田仓（2008）通过半构造化访谈讨论了健康手足期待的关系（要是有障碍的手足也是健康的话）以及现实中如何接纳有障碍的手足，另外了解到在一些人生大事（如职业选择和结婚等）也会动摇健康手足对于有障碍的手足的关系接纳。

二、目的·方法

基于上述的理论，本次研究设立了两个研究目的，目的一是明确在不同发展阶段，健康手足的援助需求和期待的服务的变化；目的二是通过中日比较，在明确两国健康手足在不同发展阶段的需求变化的同时，尝试构建符合东亚文化的临床心理学援助模式。

本次研究在开展半构造化访谈的同时，还导入了生命线方法（Life-line Method），LIM 是一种有用的、非言语的、可视化的访谈方法，用于随着时间的推移来捕捉被访者的心情变化。LIM 是为了把握被访者的生命·人生·生活的总体动态经验，获得其人生的全过程的预测，无障碍地、以视觉的形式及回顾的方式，对人生全过程的情感和人生满足度等的变化和要素进行探索。具体来说，横轴是时间经过，纵轴是人生过程中，给不同阶段的经历打分，最高分 1 分，最低分－1 分，并在打分后，将每个时间节点的数值点连线，来体现这个过程中被访者情感强度的变化，且在绘画结束后，基于这个数值的变化加深提问，这种方法有以下特点和优势。第一，通过无障碍和视觉的形式，被访者可以很容易地表达自己的情感，可视化自己人生满意度的变化和推移，促进对变化要素的把握，也非常简便地促进了访谈者和被访者的共享，在将他人无法看到的主观经验，使其得以稍微接近客观的间接主观经验上，具有一定的优势。第二，以回顾的方式将包含内在的人生过程的动态经验从理论、方法论以及分析的多重视角同时导入，将过去和现在的情感和思考集中起来，把不同时间节点的情感强度的高低在人生的过程中进行定位，可以说是一种集量化研究和质性研究为一体的方法。

访谈步骤如下：被访者在A4画纸上画出自己的生命线，并用蜡笔上色。一边看着自己的生命线，一边通过回想来回答问题。访谈围绕这6个问题展开：（1）作为手足，迄今为止有哪些重要的经历或课题？（2）那个时候，需要什么帮助呢？（3）那个时候，有得到来自谁的帮助？（4）对于那个帮助，您是否觉得满足？（5）哪些帮助是您觉得要是有的话就太好了？（6）现在回顾的话，想要得到什么人以及什么样的帮助呢？

中国的访谈对象是通过苏州仁爱学校、苏州聋哑学校和苏州大学生心理咨询中心的介绍共招募到的16名手足，其中初中生2名、大学生5名、社会人9名，被访人的年龄为13～28岁，平均年龄为20.9岁。日本的访谈对象是通过京都手足会（于1983年10月成立）招募，共招募到10名手足，其中初中生1名、高中生1名、大学生2名、研究生2名和社会人4名，访谈年龄分布比较广，15～67岁，平均年龄为28.3岁。中日两国被访者的男女比例、出生顺序、障碍手足的情况如下表所示。

	被访者	长男・女	二男・女	老幺（男・女）
男性	中国	3	3	0
	日本	3	1	1
女性	中国	11	2	0
	日本	3	0	2

三、分析方法・结果

方法分订版的扎根分析过程是授、一个副析采用了修理论，整个由一名教授和三名博士研究生共同讨论完成。分析过程为：（1）将录音整理为逐字稿；（2）由逐字稿生成概念；（3）再将概念归纳成不同的类别；（4）形成概念图；（5）最后完成我们的生命故事线。

障碍种类	智力障碍	发育迟缓	智力障碍・癫痫	唐氏	孤独症	视力障碍	听力障碍
中国	7	2	1	1	1	2	2
日本	3	2	1	1	1	1	1

1. 中国健康手足的访谈结果

通过扎根理论的分析结果，抽取了 32 个概念，归纳了 6 个类别。概念图如下图所示。

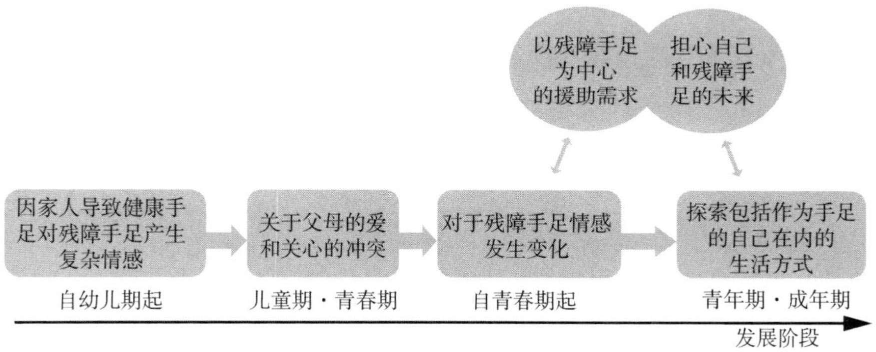

从概念图可以看出，中国的健康手足的援助需求以及情感的变化是随着发展阶段而产生相应的改变。从幼儿期开始“因家人导致健康手足对残障手足产生复杂情感”，然后到儿童期、青春期的“关于父母的爱和关心的冲突”，接着从青春期开始到成年期，出现一个三角关系，分别为青春期的“对于残障手足情感发生变化”、青年期和成年期的《探索包括作为手足的自己在内的生活方式》《以残疾手足为中心的援助需求》和《担心自己和残疾手足的未来》。

具体展开说明，首先从幼儿期开始，“因家人导致健康手足对残障手足产生复杂情感”。在复杂的思想中，最初有“对残障手足的出生感到喜悦”。但是，在被告知残障后，逐渐变成“沉重的家庭氛围”，转变为“支配型的家庭文化”。在这种情况下，还“因血缘而背负的使命感”，加上“父母无意间拉开了手足间的距离”情感变得更加复杂，面对外人，还有一种“无法与外人说有残障手足的存在”的羞耻感。

到了儿童期和青春期，开始出现了“关于父母的爱和关心的冲突”。即“没法得到父母的关心”，又“对父母的关心感到敏感”等状态。“比起自己，认为残障手足更应得到父母关心”，并且“与母亲同一化”。可实际上“虽然无法表达，但内心渴望父母的关心”。

自青春期起，“对于残障手足情感发生变化”，开始“接纳残障手足”。不仅“认可残障手足”，还能收获“来自残障手足的动力”。开始会“站在残障手足的立场”思考问题，并会“担心并保护残障手足避免受到他人眼光的伤害”。这种变化意味着彼此形成了“健康的手足关系”，并为将来“残障手足与健康手足的共生关系”打下非常好的基础。

进入青年期和成年期后，开始“探索包括作为手足的自己在内的生活方式”。小时候，“代行亲职以及丧失孩子的角色”，并且“因经济条件限制给手足增加了负担”，但同时也有“他人给自己提供帮助”，以及“来自父母的支持”。此外，通过“从学校和工作中获得的满足感”的积累，“手足探索属于自己的生活”。

在成年期，“担心自己和残障手足的未来”。“被父母期待”照顾残障手足，但因为没有经验和知识，所以“对于帮助残障手足一筹莫展”。而且面临着“虽然期待别人的帮助，但无法信赖”的现状。未来，“以残障手足为中心考虑自己的婚姻”，但即使结婚也“担心以后自己的子女会遗传残障”。

作为核心类别，需要考虑“以残障手足为中心的援助需求”。虽然有人“帮助照顾残障手足”，但要保持生活和照顾残障手足平衡，改善严峻的现状，这还远远不够，因此要满足“残障手足需要多重保障”的话，只能“期待社会福利政策的改善”。

2. 日本健康手足的访谈结果

通过扎根理论的分析，抽取了23个概念，并归纳了5个类别，形成的概念图如下。

以“健康手足的心理复原的历程”为核心类别，左边是健康手足在残障手足以及家庭里作为援助者而存在，右边是在学校和社区，健康手足成为被援助者，彼此间存在相互影响的动力关系。

正因为“作为手足才能体会到的感受”，更加理解了残障手足。因此，对“期待可以有关于残障的具体说明”，并且在日常生活中也经历了“从小就代行亲职”这一过程。包括残障手足在内，也希望未来可以对社会有所贡献，从而导致将来“就学就业的选择都倾向于社会福利方向”，由此完成了手足“从照顾残障手足到贡献社会的成长”。

在家庭中，出现了“被家人牺牲的倾向”，具体如下，作为孩子，他们“不得不在日常生活中做出妥协”，或者“得不到关怀”。还要因“在青春期容易感受到家庭的矛盾和冲突”而困扰，“想要按自己的方式生活却无法实现”。但还要因为“深切理解母亲的辛苦和心情”，而“倾向于做出对家庭有利的选择”。

在学校内，幸运的是总有人能“觉察到自身关于残障手足的需求并得到满足”，虽然也有“回避残障手足的存在”的情绪，另一方面得到了“周围人对残障手足的具体帮助”，未来“期待开展关于接纳残障人士的公开说明”，让更多人了解并接纳残障人士。

在社区中，“尽可能不给周围带来麻烦，但又希望得到社区的接纳”是什么心情呢？是一边“感受到周围人的视线”，一边努力“不让自己的事给身边人添麻烦”。虽然“感受到周围人的态度是包容的”，由此很欣慰，但依然“希望国家可以改善社会福利制度”，让残障人士及家庭可以更好地在这个社会生活。

根据以上经验，产生了核心类别“健康手足的心理复原历程”。作为手足，将“（所有烦恼）埋藏在心里”，庆幸的是“周围人觉察并能满足自己的需求”，还在日常找到了“表达自己情绪的场所和对象”，以及“手足专有的安心之所”。因为有了这三个支持，所以得以“发现这是手足共有的课题而感到解脱”。最终，探索到“符合自己的生活方式”。

四、考察结果

1. 中国的考察结果

从中国的健康手足的访谈结果里面得到了以下四个结果。

第一，从类别的排列顺序里面，我们可以看到，随着发展阶段的不同，健康手足的援助需求也在发生变化。

第二，健康手足的援助需求更多集中在亲子关系和手足关系这两个方面。

第三，健康手足和残障手足之间是一种共生的关系。为了援助健康手足，前提是需要保障残障手足。在这个基础上，健康手足才能够探索真正属于自己的生活方式。

第四，在援助健康手足的时候，需要考虑中国特有的家族文化——支配性的家长以及强调血缘关系的紧密相连的文化影响。

2. 日本的考察结果

从日本健康手足的访谈当中，得到四个结论。

第一，与中国不同，日本是在每一个类别当中，随着发展阶段的不同，援助需求也在发生着变化。

第二，从结果可以看到，健康手足在家庭和残障手足面前是援助者。但是在学校和社区里面，他们是作为被援助者而存在的双重身份。由此可以探讨手足特有的援助方式。

第三，个人的心理复原历程为手足提供了灵活应对各个角色和挑战的力量，从这个历程里的每一个关键时间点考虑需要做出的相应措施。

第四，在对日本的手足进行援助时，也需要考虑日本特有的文化要素。如“无法开口说出来”，在自己说出来之前就希望别人可以觉察到，以心传心，或者是别人可以更加细腻，敏感地体会到自己的处境和援助的需求。等不直接表达自己的需求的特点。

3. 中日考察结果比较

从中日两国的考察结果可以看出，在中日手足课题中有异同点，相同点是健康手足的援助需求集中在亲子关系和手足关系，其中亲子关系体现在自青春期起，感受到对父母的爱和关系的冲突；手足关系则是表现为需要在保障残障手足的前提下再援助健康手足才是更为切实有效的。还有一点是中日两国的健康手足都非常在意他人的视线。

不同点是职业选择的方向，日本更多是倾向于选择社会福利的方向。而中国的健康手足大多是受父母期待的影响，因为父母的期待，健康手足需要去照顾残障手足。另外，还有在手足自我同一化的程度上，中日两国的健康手足也存在差异，在日本健康手足会认为“我是手足”，以及“我是我自己”这样的一个双重身份的拥有者，对手足的身份有一个较为明确的认同；而在中国，可能也与之前提及的援助发展史有相应的联系，由于中国当前尚未对健康手足有足够的关注和援助，健康手足自身尚未达成“我是残障人士的手足”的自我认同。

最后，将手足放置于与手足相关联的生态系统，可以直观看到两国健康手足所处的生态系统的社会支持度以及所需的援助。在中国，随着不同的发展阶段，援助需求也在发生相应的变化。在不同的生态系统中，可以提供的援助服务也有所不同。在社区，健康手足可以有充实的工作，也期待着社会福利制度的改善；在学校，度过充实的校园生活以及有老师和同学的帮助与陪伴；在家庭以及和手足的相处中，由于受中国式的家族文化影响，健康手足大多以援助者的姿态出现，所以在这里可以提供的援助是向健康手足提供关于残障的说明以及如何帮助残障手足的指导，让健康手足可以清楚地知道该做什么以及更好地接纳残障手足。最后回归手足自身，帮助手足完成自我价值的实现并拓宽其社交，探索属于自己的生活方式。

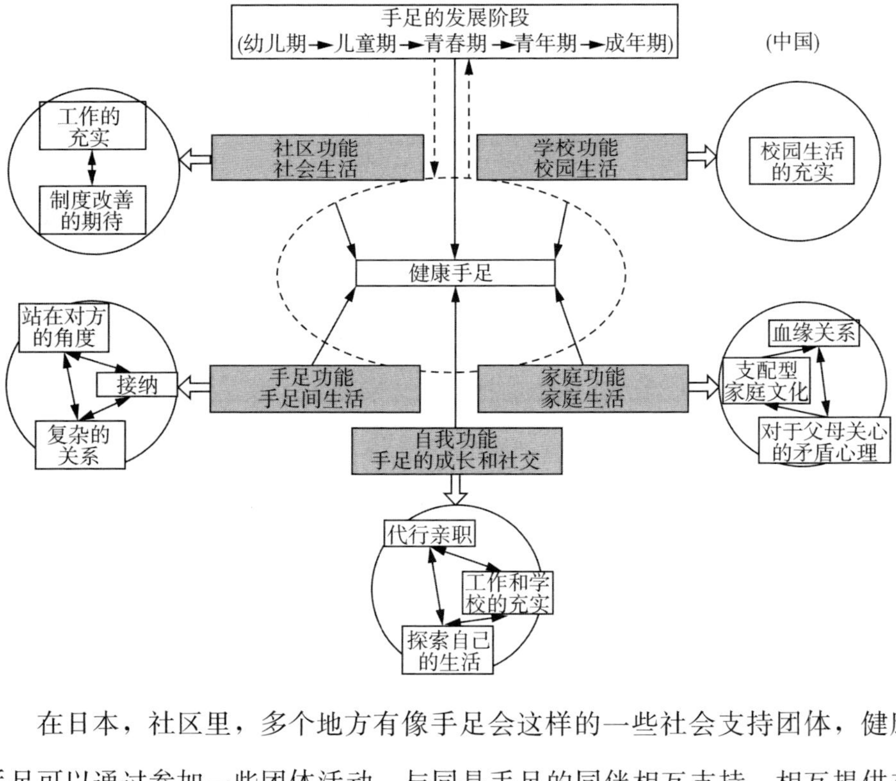

在日本，社区里，多个地方有像手足会这样的一些社会支持团体，健康手足可以通过参加一些团体活动，与同是手足的同伴相互支持，相互提供支援，因此很多手足会自发地想从事社会福利相关的工作，可以为社会做出贡献。在学校里，在老师和同学的帮助下，度过开心的校园生活，但还希望学校可以有关于残障的公开说明，让更多的人可以接纳残障人士。在家庭和与手足的相处中，健康手足常常深陷需要帮助父母和手足的漩涡，从而忽略自己的需求，因此在手足自身上，需要一个让手足可以表达、有人能觉察自己需求的安心之所，好在有手足会这样的地方可以满足，因此相较于中国的健康手足的生态系统，日本的生态系统较为完善。

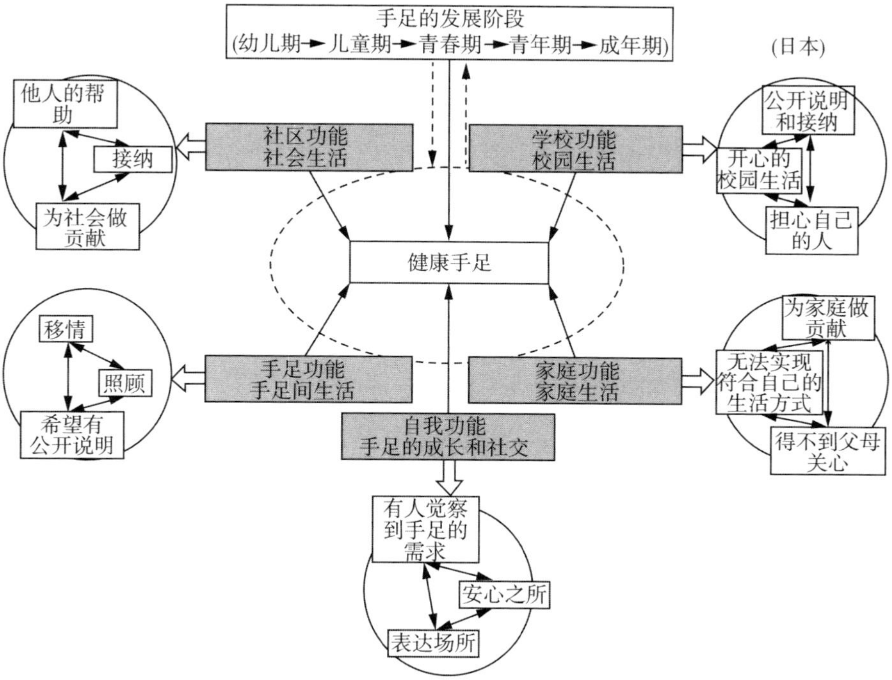

五、 个案 ［生命线法（Life-line Method）作品分享］

最后分享一个受访者的 LIM 作品。这幅作品是由一个日本健康手足完成的，他是一位 67 岁的男性，在受访者中是最年长的。从生命线可以看出他的生命历程，并可从中探讨他有哪些援助需求。

横轴是时间轴，竖轴是人生满足度，最高分是 1 分，最低分是－1 分。从他 0 岁出生开始，这是一个非常幸福的世界。但是在他 6 岁的时候，有残障的妹妹出生，他的人生满意度一下子从＋1 分下落到－1 分。这个有特殊需

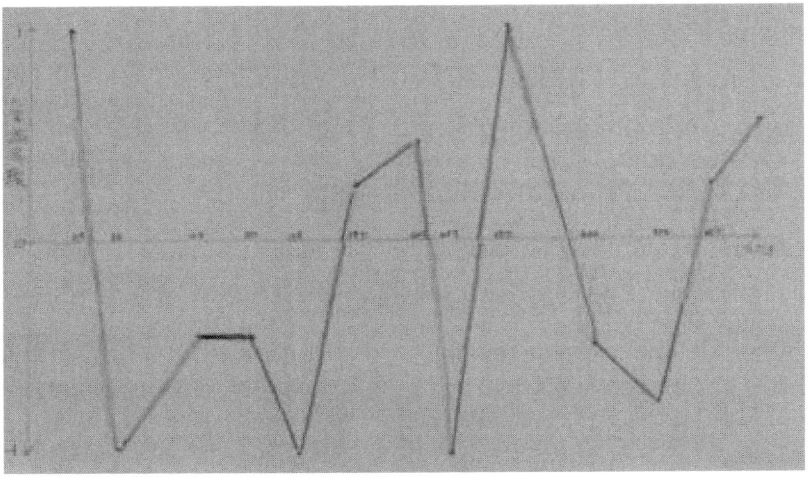

求的妹妹的出生，使得家里发生巨大改变，原来一切以他为中心，因为他是长子，然后随着妹妹的出生，以他为中心的家庭关系发生了变化，变成一切以妹妹为中心。

从他上小学一直到初中，线条都是在－1 分到－0.5 分左右在变化。在初中这段时间是一个比较稳定的，没有什么波动的状态。在他高中的这段时间，有一个更加下落的低谷点，人生第二个－1 分。

在 18 岁的时候他考上了大学，而且是考上了大学的社会福祉专业，有一个上升的线条变化，并且颜色从黑色变成了蓝色。其中根据被访者的讲述，这个变化是因为他在社会福利专业学习时，他对有残障的人士和自己的妹妹，有一些理解和接纳。

线条在他 22 岁时达到了＋1 最高峰的状态，还变成了粉红色，那时他认识了女朋友，保持了很好的关系，准备要结婚的时候，遭到了女方家长的反对，掉到了第三个－1 分，但他的女朋友坚定地站在他身边，两人结婚了，之后他又处于一个上升的状态。

25 岁工作了以后，他考上了公务员，从事社会福利方面的工作，出现了很好的蓝色上升状态。线条到 1 分的时候，是他的孩子出生了，很健康，他和他的妻子就开始抚养孩子，是一个粉红色幸福的状态。

之后开始下降，是因为他的母亲在辛苦照顾他残障妹妹的过程中开始生病，随后去世。再继续下沉，是因为他妹妹也去世了，这个时候一直处于灰色低谷状态。

线条开始变成黄色上升，是他在自己的工作过程中获得了非常多的支持和自我实现的体验。公务员 60 岁退休，他 67 岁后开始做一些援助残障人士，或者是援助健康手足的报告、志愿者活动、社会活动这样的工作，认识到自我价值的状态。接受访谈时，受访者是 67 岁，处于黄色上升的状态。

通过生命线绘画和讲述，我们可以看到健康手足的整个人生的变化，他们对援助的需求以及对残障人士的接纳，对自己作为一个健康手足的自我认同，也因此获得自我实现的积极的体验。

参考文献

[1] 西村辨作，原幸一.（1996）. 障害児のきょうだい達（1）. 発達障害研究，18（1），56-67.

[2] 西村辨作，原幸一.（1996）. 障害児のきょうだい達（2）. 発達障害研究，18（2），70-77.

[3] 笠田舞.（2013）. 知的障がい者のきょうだいのライフコース選択プロセス. 発達心理学研究，24（3），229-237.

[4] 戸田竜也.（2012）. 障害児者のきょうだいの生涯発達とその支援（特集障害児のきょうだいへの支援と発達保障）. 障害者問題研究，40（3），170-177.

[5] 何玲.（2016）. 我国残疾人社会福利发展路径和特点研究. 残疾人研究，01.

[6] 李静，王雁. 学前残疾儿童家长亲职压力：社会支持与应对方式的作用及性质. 中国特殊教育，2015（5）：3-8.

[7] 闫洪丰，胡毅，黄峥，陈祉妍，刘正奎.（2013）. 成年残疾人心理健康现状评估与分析. 残疾人研究，04.

[8] 尹银.（2011）. 家庭及社会服务和残疾人服务需求研究. 残疾人研究，04.

[9] 平野优子，山崎喜比古.（2015）. 侵襲的人工呼吸器を装着した筋萎縮性側索硬化症患者の病経験—ライフ・ライン・メソッドで捉えた心理的状態と属性・特性および身体的・心理的要因の変化と関連性. 民族衛生，81（5），143-158.

孤独症儿童父母的援助需求探讨
——聚焦于母亲自身的心路变化历程的质性研究

陈婷婷①

【摘要】 本研究的目的在于明确孤独症儿童母亲在儿童的不同发展阶段中，她们的援助需求；在聚焦于女性角色的同时，结合其母亲职责，探讨在其自身的发展阶段中，母亲自身存在的女性课题。对8名中国都市母亲开展了访谈调查和家庭动力绘画测试，从言语的角度了解了孤独症儿童母亲所需要的支持，她们自身存在的课题；从非言语的角度尝试探索了母亲在家庭关系中的自我位置，与其他家庭成员的动力关系。

【关键词】 孤独症；母亲职责；女性课题；质性研究；扎根理论；家庭动力绘画

一、 背景·理论

1. 研究孤独症儿童母亲的必要性

孤独症儿童由于自身障碍特性，较之普通儿童有更多的行为问题和交流障碍，导致了亲子关系难以建立，给父母造成较大的亲职压力（秦等，2009；田中，1996）。Dunn 和 Burbine（2011）研究发现，孤独症儿童父母比健全儿童父母和其他障碍儿童父母更易遭遇抑郁、婚姻危机、社会隔绝等健康损

---

① 陈婷婷，日本立命馆大学，人类科学研究科博士在读。

害的问题。其中与父亲相比，母亲是儿童长期的直接养育者，独立照顾儿童承受的压力更大（秦等，2009），母亲的抑郁程度高于父亲（杨 & 兰，2014）。与普通儿童的母亲相比，孤独症儿童的母亲亲职压力更大（渡部等，2002；王吉，2013）。蓬乡（1987）指出孤独症儿童的母亲比智力障碍・脑瘫・唐氏综合征・精神障碍儿童的母亲精神压力大。

孤独症发展史上有一个非常著名的荒唐成因假说——“冰箱妈妈”理论，它主张孤独症是由于母亲的冷漠造成。尽管这一理论已被否定，然而现今社会依然有人相信它，因此孤独症儿童的母亲在承担巨大育儿压力的同时，还需要遭遇来自周围人的责备和不理解，其中包括自己的丈夫和亲友，这使得本就缺乏社会支持的母亲陷入孤立无援的困境。她们因为社会对于母亲角色的期待和要求，往往只能压抑自己的压力和烦恼。因此本研究在开展半结构化访谈的同时，导入了非言语的投射法家庭动力绘画（Kinetic Family Drawings，K-F-D）。K-F-D 是由 Burns 和 Kaufman（1970）开发，并被广泛运用的一种绘画测试，通过绘画的内容、位置、人物的大小以及绘画过程等传达着家庭互动情况，表现家庭系统中的人际关系所形成的动力特征。

2. 先行研究中不同发展阶段的援助需求

在诊断前，孤独症儿童的母亲察觉到孩子的异常，在与身边同龄孩子比较后，发现与其他孩子不同，从而产生不安与混乱。接受诊断后，她们在感到打击的同时，也松了一口气，并慢慢接受这一现实，虽然还尚未能完全接纳，但一生都在努力着（宇津・伊藤，2019）。另外，根据坂口・别府（2007）的研究了解，孤独症儿童的母亲在这个时期还需直面孩子无法与自己建立良好的依恋关系的现状。学龄初期，Hastings（2002）指出由于这个时期儿童有问题行为，导致了儿童无法适应幼儿园的生活，常被劝退。在儿童就学前后，孤独症儿童的母亲易出现“积极・中性・消极”的多层反复的心理（宇津・伊藤，2019）。进入学龄期后，孤独症儿童的母亲需要独自面对决定是否将儿童送到普通学校学习的压力（渡边，2016）。随着孩子长大，在青春期，孩子问题行为的凸显以及情绪不稳定也持续带给母亲极大的亲职压力（吉冈，2009）。等孩子度过了珍贵的校园生活，来到成年早期，离开学校后，他们的母亲会烦恼孩子的去处问题（宇津・伊藤，2019）。孩子成人后，母亲自身也老了，对于孩子未来的生活状况感到不安和担忧是这个时期母亲的援助需求（傅，2008）。另外，根据三菱财团助成的调查研究报告表明，有八成的父母希望自己比孩子晚死。

以上先行研究分别从孤独症儿童到成人的不同发展阶段，明确了母亲的援助需求，但先行研究大多是抽取某个发展阶段进行调查研究，因此本研究希望从孤独症儿童到成人完整的发展阶段来验证并再次探讨其援助需求。

3. 母亲职责与女性课题

母亲角色被定义为一个必须肩负照顾、养育、服务与安抚儿童等相关责任的社会角色（张淑文，1997）。倡导“母职”是最体现女性价值的“工作”，“贤妻良母”成为社会主流褒奖的理想女性。

当今社会提倡男女平等，但是现实却是女性依然肩负着教养子女的责任。伴随着社会福利制度的完备，个人主义及女性主义的兴起，女性开始走出家庭，致力于在职业和个人兴趣中获得成就感和价值感。这意味着女性不仅需要承担一直以来就承担着的母亲职责，还需要承担比以往更多的角色，为此不得不努力平衡家庭和工作之间的关系（郑杨，2019）。

母亲是社会赋予女人的一种称谓，无论是传统社会还是现代社会，自然生理的特点使女性肩负着人口生产责任，繁衍生命使女性成为母亲（冯爱红，2018），因此人们都认为女性等于母亲，母亲等于母职，这种将生物的本能直接等同于社会职能的意识形态成为女性身上的枷锁。

4. 家庭动力绘画

家庭动力绘画是由 Burns 和 Kaufman（1970）发明的。KFD 是一种临床心理测验，通过绘画来观察受试者如何把握家庭关系和家庭结构。KFD 的指导语是“请画出全家人做着什么的场景”。Burns 和 Kaufman（1970）这样描述了他们的 KFD：“在被要求画其家庭所有成员做着某事这一主题时，会比只画一个家庭那种简单和常见的任务更能揭示他自己。”（1982，P7）本研究导入家庭动力绘画的原因在于研究对象孤独症儿童母亲的特点，她们常常压抑自身的压力和烦恼，难以对外人倾诉，不想被他人知晓隐私信息；想要展现好的一面给外人看（远藤，1988）。另外，有先行研究表明，仅通过言语的访谈，在与父亲和子女的关系上，母亲实际互动与表述存在差异（高桥，2003）。并且高桥（2003）验证了使用 KFD 去讨论母亲对于孩子以及其他家庭成员的认知和心理特征是有效的。因此本研究在开展半结构化访谈的同时，还导入了非言语的投射法家庭动力绘画（以下简称 KFD）。

二、目的・方法

本研究从言语和非言语的角度设立了两个研究目的，目的一是在于明确在儿童的不同发展阶段中，孤独症儿童母亲的援助需求；目的二是在聚焦于女性角色的同时，结合其母亲职责，探讨在其自身的发展阶段中，母亲直面的女性课题。

关于研究伦理问题，在开始调查前，研究者接受了立命馆大学“以人为对象的研究伦理审查委员会”的伦理审查，并于 2019 年 8 月 2 日通过了该审查（审查编号：衣笠-人-2019-36）。

本研究通过上海市孤独症康复机构以及孤独症儿童的母亲的介绍，共招募了 8 名中国都市的孤独症儿童的母亲，对其开展了“一对一”半结构化访谈调查和家庭动力绘画，受访母亲的孩子年龄分布在幼儿期、儿童期、青春期和成年早期四个发展阶段，母亲们的年龄从 30～54 岁不等。

访谈步骤如下：在一张 A4 纸上，用铅笔画家庭动力绘画，并对绘画内容进行提问（Post Drawing Interrogation，简称 PDI，约 15～20 分钟），随后实施半构造化访谈（45～70 分钟），访谈围绕育儿现状、育儿困难、曾经接受过的援助、育儿幸福时刻、成为母亲前后的变化、育儿以外的困难、女性课题、印象深刻的事以及未来展望等内容展开。

三、 分析方法·结果

1. 家庭动力绘画分析方法及结果

家庭动力绘画分析沿用先行研究（日比，1985；高桥 & 大野，2003）中常用的四个维度：①绘画顺序、②人物大小、③人物间隔、④绘画样式，此外，还分别从❶人物活动内容，❷人物间有无互动这两个角度开展内容分析。(补充说明：母亲 H 是线上访谈，她在邮寄 KFD 作品前不慎丢失画作，因此无法分析，此次 KFD 分析人数为 7 人。)

从①绘画顺序可以看出绘画者在意识层面对于家人的认知（日比，1986）。此次结果，最先画了父亲的母亲有 3 位，很大程度反映了在这三位母亲的家庭中，父亲作为一家之长的主导地位。

另外，有 3 位母亲最先画了孩子，这三个孩子在当时的年龄分别为 14 岁、22 岁、7.5 岁，一般正处于育儿期的母亲身上可以看出凡事优先孩子的倾向，但这些母亲已经过了育儿期，可还是优先画出了孩子，并在 PDI 中也可看出她们对孩子的极度关注，说明在有孤独症孩子的家庭中，母亲对于孩子的关注与年纪无关，孩子长期占据了母亲生活的大部分时间和精力，就算是孩子成年了，亦是如此。

母亲	①绘画顺序
A	父亲画→母亲画→孩子画
B	祖父画→祖母画→母亲画→孩子画（大女儿）→孩子画（小儿子）→父亲画
C	父亲画→孩子画→母亲画
D	孩子画→父亲画→母亲画
E	父亲画→祖母画→孩子画→母亲画
F	孩子画→母亲画→父亲画
G	孩子画→母亲画→父亲画
最先　父亲画：3 人；孩子画：3 人；祖父画：1 人。 最后　父亲画：3 人；母亲画：3 人；孩子画：1 人。	

将人物大小与绘画顺序结合来看，都体现了绘画者对于所画人物的关系和兴趣，投射了绘画者对于所画人物的肯定或否定的态度（日比，1986；高桥・高桥，1991；寺岛・足力・宫岛・泽村・田中，1996）。从结果来看，有3位母亲把父亲画得最大，结合其PDI的内容来看，母亲对父亲有很大的期待，希望父亲可以更多地参与育儿。

有3位母亲把自己画得最大，而这三位母亲分别都在访谈中表现出了虽然很看重孩子的教育，但对于实现自身价值也抱有强烈的期许。只是无奈现状难以放手。有个别母亲将发展自己事业与教育孩子相结合，希望自己在孤独症康复领域可以有所收获，并将其分享给更多与自己有相同经历的家长。

另一方面，有4位母亲把孩子画得最小。而这四位母亲的孩子年龄分别为5.5岁、5.5岁、3岁、7.5岁，从身体发育上而言，他们在家庭中都是最小的，并不是说明孩子在该家庭中不重要。

②人物大小		
母亲	最大	最小
A	父亲	孩子
B	外婆	小孩子
C	父亲和母亲相同大小	孩子
D	父亲	孩子
E	母亲	父亲
F	孩子	母亲
G	母亲	父亲
画中最大的父亲：3人；母亲：3人；孩子：1人；外婆：1人。 画中最小的父亲：2人；孩子：4人；母亲：1人。		

人物间隔反映了绘画者与所画人物的亲密性以及心理距离（日比，1985）。几乎所有的母亲都将孩子画得距离自己最近，表达了和孩子极高的亲密度。其中有3位母亲与孩子的空间距离为0，其中一个原因是画的是两个人手牵着手的场景，另外结合PDI内容，还因为当时自己处于无法与孩子分

离的状态。这也是身处育儿期的母亲的一大特征，但孤独症儿童的母亲不是暂时处于这样的状态，而是一生都要与孩子捆绑在一起。而0距离是母亲对于这个状态最直观的体现。

另外，几乎所有的母亲把父亲画得距离自己最远，但也不可断定母亲与父亲心理距离远。这些母亲所画的父亲有很多是在外赚钱工作，在某种意义上看，父亲也以他的方式在发挥着作用。有些父亲虽然画得距离远，但他是从外围包着母亲与孩子，这描绘出了很多父亲不善言辞、默默守护着家庭的形象。

③人物间隔		
母亲	最近	最远
A	孩子（0距离）	父亲
B	大孩子（0距离）	父亲
C	父亲	孩子
D	孩子	父亲
E	孩子（0距离）	父亲
F	孩子	父亲
G	孩子	父亲
画得与自己最近的父亲：1人；子：6人。 画得与自己最远的父亲：6人；子：1人。		

划分空间的样式的特征是用线条将人物隔离在不同空间，人物间缺少互动。其中，母亲B由于与丈夫分居，所以可以看出父亲是与其他人不在同一个水平空间，母亲与自己的父母也是在各自的空间活动。母亲D在PDI中表示自己需要个人空间，所以会单独在房间内或健身或读书，孩子就全部交给父亲。母亲E则是直接用线条将所有家庭成员区隔开，自己与孩子捆绑在一起，父亲去上班，外婆打麻将或出去旅游，整个家里只有她一个人管孩子。

其中母亲A将人物以排成一条线的样式画出，其中母亲与孩子是手牵着手，体现了与孩子的高亲密度。而父亲是在单独打羽毛球，双方中间还有一段距离，表明父亲与母亲和孩子亲密度不高，各自为政，缺乏互动。

母亲	④绘画样式
A	人物排成一条线的样式
B	划分空间样式
C	一般样式
D	划分空间样式，且人物画得很大
E	划分空间样式
F	一般样式，但人物画得很大
G	一般样式，且人物画得很大
将人物排成一条线样式的母亲有 1 人； 以一般样式绘画的母亲有 3 人； 划分空间样式绘画的母亲有 3 人。	

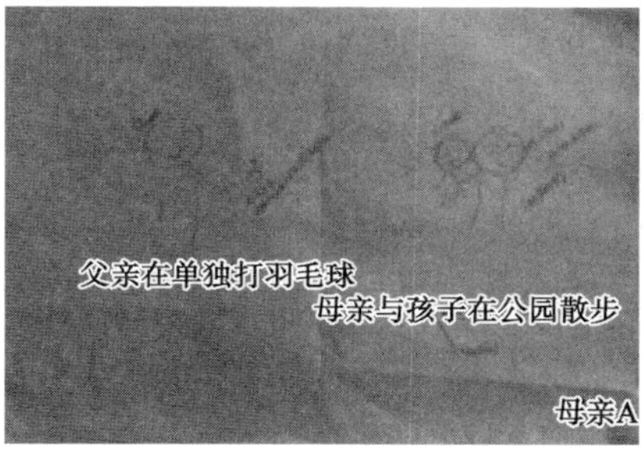

母亲 A：人物排成一条线样式

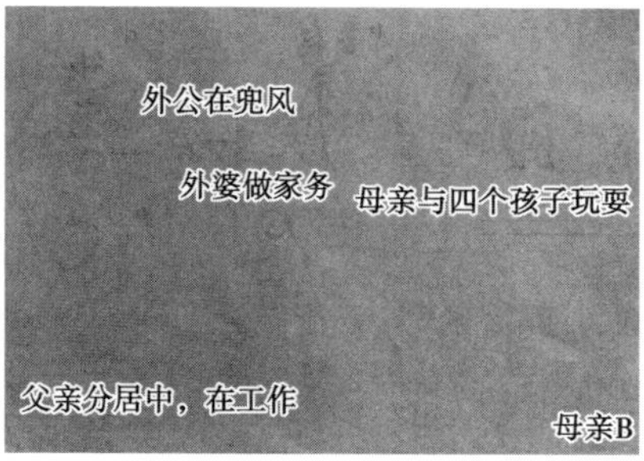

母亲 B：划分空间样式

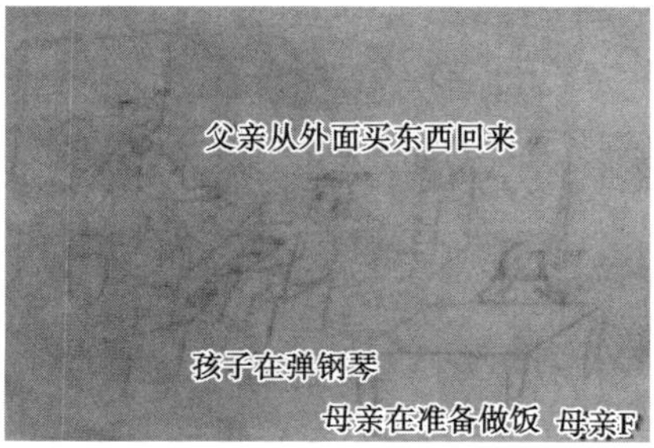

母亲 F：一般样式

除了以上四个维度的分析外，根据绘画内容，还从❶人物活动内容，❷人物间有无互动等方面进行分析。

关于❶人物活动内容，其中有 3 位母亲在准备食物，有 3 位母亲在陪孩子玩耍，几乎所有母亲在做的事都与照顾孩子有关。而另一方面有 3 位父亲在外工作，这从某种程度上来说是“男主外，女主内”社会分工在家庭的缩影。但我们还可以看到，有 2 位父亲与孩子在一起，这说明现在也开始有父亲会参与育儿。

母亲 D 在做瑜伽，根据其 PDI 的说明，母亲表示自己原本是外企高管，还希望可以在事业上再有所提升，但因为孩子辞职在家，原本以为两年就可以训练好，但两年时间到了，回归职场却遥遥无期。长期处于实现自我价值与养育孩子的矛盾，让这位母亲非常渴望有自己的空间。

从结果看，也有 1 位父亲在单独打羽毛球，据母亲 A 说父亲与自己“为了孩子可以放弃一切”的育儿观念上有差异，父亲认为“自己好了，孩子才会变好”，所以他在工作之余，需要有自己的兴趣爱好。母亲在表达了对于父亲这种只顾自己的不满以及希望他也可以参与育儿后，又表示了自己也可以理解父亲的心情。

母亲	❶人物活动内容
A	父亲在打羽毛球；母亲与孩子在公园手牵手散步
B	父亲在工作；外公在兜风；外婆在做家务；母亲与两个孩子在玩
C	父亲与孩子在玩玩具；母亲在切水果
D	父亲看着孩子画画；孩子在画画；母亲在房间里做瑜伽
E	父亲在工作；母亲与孩子一直在一起；外婆在打麻将
F	父亲外出买东西回来；孩子在弹钢琴；母亲在准备做饭
G	父亲在工作；孩子在吃东西；母亲在做好吃的
母亲：做饭场景有 3 人；与孩子玩耍有 3 人；一个人在做瑜伽有 1 人。 父亲：在工作有 3 人；与孩子一起有 2 人；外出买东西回来有 1 人；一个人打羽毛球有 1 人。 孩子：玩耍有 3 人；画画有 1 人；弹钢琴有 1 人；吃东西有 1 人。	

❷人物间有无互动中，KFD 是借由添加“家人在做着什么”这个活动，希望可以表现出绘画者在家庭内与家人的沟通等与家人间的动力关系，也期待由此可以增加家人间互动的输出（日比，1986；江幡，2000）。与其他家庭

成员间是否有互动可以看出当前阶段，母亲在家庭中与那个人物之间动力的走向。对于有特殊需求的孤独症儿童，母亲会更倾向于将注意力放在孩子身上，从而忽略与父亲的互动。此次参与的 7 位母亲中，我们可以看到有 5 位母亲都是与孩子有互动，有 5 位母亲则与父亲没有互动。

❷人物间有无互动				
母亲	母亲和父亲	母亲和孩子	父亲和孩子	和祖父母
A	无	有（在公园手牵手散步）	无	没有画
B	无	有（玩耍）	无	无
C	有	无（准备做饭）	有（用玩具玩耍）	没有画
D	无	无	有（画画）	没有画
E	无（支持）	有（牵手）	无	无
F	有（食材采购）	有（看孩子弹钢琴）	无（支持）	没有画
G	无（接纳）	有（吃饭）	无（需要时随叫随到）	没有画
母亲与父亲有互动的，2 人；母亲和孩子有互动的，5 人；父亲和孩子有互动的，2 人。				

（二）半构造化访谈分析方法及结果

本研究的半构造化访谈采用了木下（2003）的修正版扎根理论（Modified Grounded Theory Approach，M-GTA）开展分析，当前总共有四个版本的扎根理论，分别为：1. 经典扎根理论（Glaser & Strauss，1967），其宣告了扎根理论的诞生，基于实证主义，分析要求偏客观，强调科学、中立、客观、实证，研究者不干涉不介入，采用的是二级编码（实质性编码：开放性编码和选择性编码；理论性编码）。2. 程序化扎根理论（Strauss & Corbin，1990）：基于诠释主义的理论，分析过程偏主观，认为世界上的客观存在都是由人类主观诠释的结果。受其所在哥伦比亚大学量化研究的影响，将量化研究和质性研究做了结合，使得扎根理论的研究过程具有可追溯性，研究程序具有可重复性，研究结论具有可验证性，采用三级编码（开放性编码、主轴性编码、选择性编码），三级编码在国内较为普遍。3. 建构型扎根理论，（Charmaz，2009）：基于建构主义，强调主客观的融合，“任何理论形式提供的都是对被研究世界的一种解释性图像，而不是世界实际的面貌”，灵活使用编码，并无公式进行编码，主张质性研究是一种流动的框架（fluid framework）。4. 第四版修订版扎根理论（木下，2003）相较于其他版本具有以下特征：① Grounded on data，扎根于数据的分析；②并非实证或验证，而是从经验和实践而提炼来（①②两点来自 Glaser，其为了对抗 Strauss 而再次出版新书，针对经典扎根理论的追加说明，强调了客观性，不要受先行研究的影响）；③ 深入说明数据并从中提炼概念，并为提取出来的概念命名（来自 Strauss 和 Corbin 的程序化扎根理论）；④应用即验证（来自经典扎根理论）；⑤原创点：将原来的二级编码和三级编码简化，形成了修订版扎根理论的分析步骤。

M-GTA 的分析步骤如下：①依据分析工作表依次整理逐字稿，将相似讲述放入同个分析工作表并建立假设性的概念名及其定义；②在相似讲述增加的基础上，不断修正“概念名”以及“定义”；③随着概念形成之后，相似、相关的概念组成同一类别；④在形成基本的类别之后，根据类别形成概念图；⑤最后写出孤独症儿童母亲援助需求的故事脉络。①②由 2 位博士生共同完成；③④⑤由 2 位教授、5 位博士生、3 位硕士生讨论得出。

M-GTA 的分析主题为“母亲在儿童不同发展阶段的需求”和“女性在自身发展阶段的课题”。分析结果共抽取了 38 个概念，组成了 6 个类别。类别如下，分别为核心类别 1“作为女性直面的课题”：孤独症儿童母亲在家庭中，不仅“承担了安抚所有家人情绪的责任”，还“为了孩子选择辞职回家”。在这个过程中，“自我价值的迷失带来了焦虑”，又“担心自己与社会脱节”。而同时，由于自己的情况，母亲“主动与以前的朋友圈脱离并孤立了自己”，还“没有任何释放压力的地方”。核心类别 2 根据孤独症儿童的发展阶段，探索了母亲的育儿心路历程：“在诊断之前感受到与其他孩子不同的痛苦”，还“因为错误认知抱有侥幸心理”，后来“得知诊断结果后的逃避和崩溃”。过了一段时间，马上又不得不“接受现实并积极应对”。在这段时间，因“与丈夫在育儿观念上有差异”，加上“专业知识匮乏造成了恐慌”。紧接着“因为孩子培训遇到瓶颈”，以及后来“对孩子无法适应园内生活感到焦虑”，母亲陷入反复焦虑与自我调节的旋涡。进入学龄期后，“犹豫孩子该进普校还是该进特校”；等孩子到了青春期，“问题行为凸显给母亲带来了压力”。紧接着关于“孩子毕业或离开机构的去处问题”，也让母亲烦恼不已，还会为自己老后/死后“担忧孩子未来的生活”。类别 3“伴随一生的压力”：首先是来自“家人亲戚不理解带来的焦虑”，“当与孩子的想法产生冲突时的迷茫”，再加上“承担决定孩子一切的压力”。而“自身情绪不稳定”会影响孩子，所以要控制自己的情绪。但那些“无法倾诉的焦虑”时好时坏，这些“焦虑会反复”。所以最后“这个与孩子捆绑的人生”，让母亲的生活中留下了“只有孩子时的空虚”。类别 4“社会支持系统不足的现状”体现在：在家庭中，“干预给家庭带来了巨大的经济负担”；在社区里，因为“担心外界的眼光”，所以不敢公开孩子是孤独症；社会上，“支持父母的社会资源短缺”，而且“社会制度还不完善”。类别 5“育儿过程中的动力”：“孩子自己突破瓶颈带来的喜悦和希望”以及那些“育儿幸福的时刻”，最重要的是“成为妈妈后觉得自己变强了”。类别 6“困难时遇到了各种帮助”：在接受诊断时，“感谢诊断医生明确告知症状”。也非常幸运，在机构和学校遇到了“专业老师的帮助”。与此同时，在机构还可以“与妈妈们相互倾诉”。随着理解的加深，“丈夫也开始帮忙分担育儿压力”，“家人朋友也提供了经济帮助和陪伴”。基于以上结果，研究者制作了概念图，探索了 6 个类别间的联系。身为母亲，有着孤独症儿童母亲特有的育儿心理历程，而同时作为女性也直面着各种课题，两者相互影响，无法分割。由于这双重身份，她们面临着伴随一生的压力，还有直面社会支持系统不足的现状，两者都给她们带来了很多困难和援助需求。庆幸的是在这个过程中，她们收获了育儿的动力，并在困难时期有他人的支持和帮助。就是在这样有压力，同时也有动力的环境里，母亲们过着属于她们特有的生活。

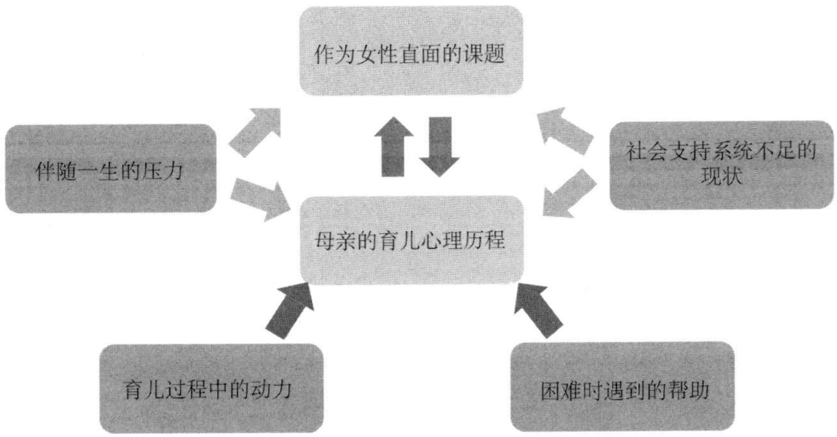

概念图

四、 讨论及今后课题

基于以上结果，从母亲职责和女性课题角度探讨了母亲援助的方向。

1. 从母亲职责来讨论援助方向

作为一位孤独症儿童的母亲，在她成为母亲的那一刻开始，终其一生，两人的人生都会重叠在一起。对于母亲的援助，伴随着儿童的不同发展阶段，母亲的需求会有所变化，有必要针对不同时期的需求，为母亲提供相对应的支持。

再有，从访谈结果了解到孤独症儿童母亲最大的苦恼在于想要寻求帮助，可是能够提供精准帮助的地方少，就算有，但费用高，使得孤独症家庭背负巨大的经济压力。此外，据母亲自述，学龄期孩子的母亲最大的需求是解决孩子的就学问题，早期教育、学前教育、融合教育以及学校教育成为当前亟待解决的课题（吕，2004）。与教育相对应的早期医疗诊断体系、公立疗育、咨询机构设置等社会制度的改善也是需要引起社会的重视。

另外，还有一点，也是最为普遍的一点，因为担心父亲做不好家庭干预，或破坏干预结果，母亲自身会把父亲推开。我们建议鼓励并帮助母亲放手让父亲去尝试照顾孩子，分担独自育儿的负担和辛苦，减轻压力。

最后，从此次访谈对象的组成来看，对于逆境有很大韧性的母亲，也有遇到挫折暂时无法面对的母亲，未来在援助母亲团体上，可以采用 Mothers-help-Mothers 的形式，让具有强韧性的母亲带领暂时还没有力量的母亲（铃木等，2015）。

2. 从女性课题角度探讨援助方向

无论是 PDI 还是半构造化访谈，都让我们发现女性课题在孤独症儿童母亲身上是被忽略的，但同时，烦恼和压力却时刻伴随着母亲，不仅在育儿方面母亲需要援助，在这些女性课题上她们也需要被关注、被支持，如与社会脱节，自我价值迷失等。

无论是在学术界，还是在实际家庭与社会福利政策规划中，照顾责任女性化这一被认为理所当然的现象应该得到重视，让照顾合理分配到每个家庭成员，让女性也有机会选择去实现自我的价值。

在被问及“当面临需要有人全职在家照顾孩子，带孩子去机构干预时，那个人选会是谁?”时，大多数母亲的回答都是她们自己。这是因为整个社会将女性限制在低薪酬、不稳定与缺乏劳动保障的次级劳动力市场中，所以一旦家庭需要面临选择牺牲事业，照顾家庭时，往往是女性选择辞职。担忧自己以后会与这个社会脱节的孤独症儿童母亲也是这一现状的直接影响者。

从母亲的家庭动力绘画中可以看出，亲子关系在孤独症家庭中是尤为重要的，优先顺序也是绝对性的领先，夫妻关系常常被忽视，导致夫妻某一方有不满，长此以往，不利于家庭的和睦以及孤独症孩子的康复。针对孤独症家庭，希望未来可以开展重温以及喘息的服务，以夫妻关系为干预对象开展家庭治疗的援助是非常有必要的。

3. 今后的课题

在迄今为止的调查中，对父亲与母亲各自实施了一对一的半结构化采访。由于这种形式的访谈很难看到母亲和父亲之间的相互作用，为了更全面地探索孤独症家庭的生活，更好地援助孤独症家庭，今后可以采取父亲与母亲同席而坐，采取聚焦访谈“一对二”聚焦访谈这样三明治访谈的形式，其间可应用叙事取向（Narrative Approach）（森冈，2015），以对等的立场尊重对方，推进彼此对话。本次研究中，可以看出孤独症儿童的父亲和母亲以工作和育儿为优先，很难看到双方的互动。在这种现状下，重新“让他们说话”，并灵活应用由此得到的新意义，期待可以加深夫妻间的羁绊，为双方赋能，得以共同渡过难关的效果。此外也可以导入九分割统合绘画法，这是由日本森谷宽之在1983年独创的一种艺术治疗疗法，森谷对中井的“框格法”产生浓厚兴趣，觉得通过画格子能对绘画空间起到保护作用，而且也能使绘画空间更具有层次性，能让缺乏绘画意图的人更容易下笔。同时，森谷翻到一本介绍曼陀罗的书，受其启发，曼陀罗特别是密教的金刚界曼陀罗是九分割的布局，因此形成了九分割统合绘画法。对于刚开始可能会产生抗拒和防卫的父母，可以让他们从简单的主题开始进行作画，之后再慢慢聚焦到自己以及他人，从而从非言语的层面加深对彼此的认识和理解。

本次研究调查期间，正临疫情暴发、扩散时期，使得招募变得极为困难，加上研究者本身有限的精力和时间，此次招募的父亲和母亲均来自上海市内的孤独症干预中心，而上海作为一线大都市，在医疗、教育以及福利等方面资源比较充实，相较二、三线城市，甚至于农村地区的父母，在孩子诊断、就学、干预等必经过程中，又经历了什么样的心理过程，和本次研究的结果有什么异同点，这些都是很有必要进行深入探讨的。

参考文献

[1] 李爱秋，朱宇航. “家庭动力绘画及其对家庭关系的投射意蕴”. 幼儿教育. 2020.27：7-11.

[2] 朱孟媛. 大班幼儿心目中的家庭关系. 2020. 河南大学，MA thesis.

[3] 黄任之. “学前留守儿童的心理资本和亲子关系的现状——基于家庭动力画测量.” 湖南第一师范学院学报 2018.03.

[4] 陆文婧. 上海、釜山两地幼儿关系自我与父母教养方式的研究. 2009. 上海师范大学，MA thesis.

[5] 黄婷筠. “台北县单亲与双亲家庭儿童绘画表现分析之研究-以「家」的图像为例”. 台北教育大学幼儿与家庭教育学系学位论文. Ed. 台北教育大学幼儿与家庭教育学系学位论文，2010.

[6] 坂口美幸・别府哲（2007). 就学前の自閉症児をもつ母親のストレッサーの構造特殊教育学研究，45（3)，127-136.

[7] Mari Fleming. “Self-Growth in Families，Kinetic Drawings（K-F-D)：Research and Application.” Art Therapy 2.2（2013)：. doi：10.1080/07421656.1985.10758797.

[8] 刘毓秀（1997). 女性・国家・照顾工作. 台北：女书文化.

[9] 高橋正泰・大野博之動的家族画テストに見られる母親の描画特徴と心理特性—母子関係アセスメントとしての有効性の検討—九州大学心理学研究 2003，4.

[10] 木下康仁（2007). ライブ講義実践的質的研究法：修正版グラウンデッド・セオリー・アプローチのすべて. 弘文堂.

[11] 秦秀群，唐春，朱顺叶，梁亚勇，邹小兵. 孤独症儿童母亲的亲职压力及相关因素研究［J]. 中国心理卫生杂志. 2009（09).

[12] 杨帆，兰继军. 孤独症儿童父母亲职压力研究综述［J]. 残疾人研究. 2014（02).

[13] 杨婷婷，曾凡林. 自闭症儿童父母亲职压力的研究概述［J]. 社会福利（理论版). 2014（08).

[14] 孙玉梅（2011). 自闭症儿童母亲生活经验之诠释：现象学的视角. 华中师范大学.

[15] 贺成华. 自闭症儿童母亲压力体验的质性研究［D]. 华东理工大学，2018.

[16] 尾野明未・茂木俊彦障害児をもつ母親の子育てレジリエンスに関する研究. 2011. 心理学研究第2号.

[17] Pastor, D. L. (1981). The quality of mother-infant attachment and its relationship to toddler's initial sociability with peers. Development Pyschology, 17, 326-335.

[18] Ainsworth, M. D., Blehar, M. D., Waters, E. & Wall, S. (1978). Patterns of attachment: A psychological study of the Strange Situation. Hillsdale, NJ: Erbaum.

[19] 高橋雅春・高橋依子. (1991). 『人物画テスト』. 文教出版.

[20] 日比裕泰 (1986). 動的家族描画法 (K-F-D) —家族画による人格理解—. ナカニシや出版.

[21] 郑杨 (2019). 社会变迁中的育儿模式变化与"母职"重构——对微信育儿群的观察. 贵州社会科学, 07, 87-95.

[22] 宇津貴志・伊藤弥生 (2019). 自閉症の子を成人に育てるまでの母親心理人間科学 (Journal of the Faculty of Human Sciences, Kyushu Sangyo Univ.) 1: 15-26 DOI: 10.32223/hsksu. 1.0_15.

[23] 宇津貴志・伊藤弥生 (2014). 自閉症の子を育てる親の心理の理解に関する研究の現状と課題, 九州産業大学国際文化学部紀要, 58, 91-99.

[24] 加藤孝正 (1986). 動的家族描画 (KFD), 臨床描画研究Ⅰ, 87.

[25] 木下康仁 (2007). ライブ講義実践的質的研究法: 修正版グラウンデッド・セオリー・アプローチのすべて. 弘文堂.

[26] 黒田健次・近藤真由 (1995). 動的家族描画法 (KFD) による親の家族認知に関する研究. 応用教育心理学研究, 11, 18-24.

[27] 坂口美幸・別府哲 (2007). 就学前の自閉症児をもつ母親のストレッサーの構造特殊教育学研究, 45 (3), 127-136.

[28] 高橋雅春・高橋依子 (1991). 人物画テスト. 文教出版.

[29] 高橋有記・大西雄一・松本英夫 (2015). 発達障害について, ストレス科学研究, 30, 5-9.

[30] 渡邊充佳 (2016). 自閉症児の就学をめぐる母親の葛藤の構造, 社会福祉学, 57, 2, 57-67.

[31] 吕晓彤・髙橋智・千賀愛 (2004). 中国自闭症儿童家长的苦恼和育儿支援, 2004中美特殊需要学生教育大会ABSTRACTS, p.50, 北京師範大学教育学院特殊教育系・北京師

範大学特殊教育研究中心.

[32] 渡邊充佳 (2014). わが子が「自閉症」と診断されるまでの母親の経験の構造と過程自閉症児の母親の葛藤のストーリ，社会福祉学，55，3，29-40.

[33] 王吉，胡艳杰，王媛，陈彦平，王涵，孙彩虹，夏薇，武丽杰 (2013). 孤独症儿童母亲亲职压力的6个月随访 [J]. 中国心理卫生杂志. 09.

[34] 杨帆 (2014)，兰继军. 孤独症儿童父母亲职压力研究综述 [J]. 残疾人研究. 02.

[35] 蓬郷さなえ・中塚善次郎・藤居真路 (1987). 発達障害児をもつ母親のストレス要因 (Ⅰ)，鳴門教育大学学校教育研究センター紀要，1，39-47.

[36] 渡部奈緒・岩永竜一郎・鷲田孝保 (2002). 発達障害幼児の母親の育児ストレス及び疲れ感—運動発達障害児と対人・知的障害児の比較—，小児保健研究. 6 (14)，553-560.

[37] Hastings, R. P., & Brown, T. (2002). Behavior problems of children with autism, parental self-efficacy, and mental health. American journal of mental retardation : AJMR, 107 (3), 222-232.

[38] Burns, R., & Kaufman, S. KineticFamilyDrawings (K-F-D): Research and application [M]. New York: Brunner/Mazel, 1970.

[39] 吉岡恒生 (2009). 発達障碍者の思春期—母親から見た発達障碍者—. 愛知教育大学教育実践総合センター紀要，12，61-68.

[40] 傅力，2008，自閉症者の親亡き後の生活に対する親の不安に関する研究，"生活科学研究誌". 7：181-90.

[41] 冯爱红. 女性家庭角色的现代变迁——从"贤妻良母"到"夫妻和睦". 太原理工大学学报 (社会科学版)，2018，36 (04)：68-73.

[42] 远藤辰雄 (1988). 家族画指南书，矫正协会.

[43] 寺岛繁典，足利学，宫岛千鹤，泽村律子，田中英高 (1996). 家族画テストにおける一般児童の特徴. 関西大学社会学部紀要，28，81-109.

[44] 江幡綾子・吉田昭久 (2000). 子どもの絵に見られる家庭内コミュニケーションの実態と心理的課題—動的家族画テスト (KH)) を通して—. 茨城大学教育学部紀要，49，95-115.

[45] Glaser, B., & Strauss, A. (1967). The Discovery of Grounded Theory: Strategies for

Qualitative Research. Mill Valley, CA: Sociology Press.

[46] Strauss, A. L., & Corbin, J. (1990). Basics of Qualitative Research: Grounded Theory Procedures and Techniques. Thousand Oaks, CA: Sage.

[47] Charmaz, K. (2009). Constructivist Grounded Theory Methods. In Developing Grounded Theory: The Second Generation.

[48] 铃木浩太，小林朋佳，森山花铃，加我牧子，平谷美智夫，渡部京太，山下裕史朗，林隆，稲垣真澄（2015）. 自閉症スペクトラム児（者）をもつ母親の養育レジリエンスの構成要素に関する質的研究. 脳と発達，47：283-288.

[49] 森冈正芳（2015）. 臨床ナラティブアプローチ. ミネルヴァ書房.

[50] 森谷宽之（1986）. イメージの多様性とその統合-マンダラ画法について. 心理臨床学研究，3（2），71-8.

用音乐与孤独症谱系障碍儿童建立关系的策略研究

杨　畅①

【摘要】 孤独症谱系障碍儿童的最大障碍就是无法与人建立关系，从而导致他们失去成长性需求，无法与人建立“接发球”机制的互动，进而失去大量需要从互动中获得认知和技能的机会，这也是孤独症谱系障碍儿童全面发展障碍的根本原因。音乐具有非语言的沟通功能，可以帮助儿童与人恢复互动关系。本文系统论述音乐治疗师在治疗初期与儿童建立关系的策略，如何与孤独症谱系障碍儿童在音乐中建立美好的关系。

【关键词】 音乐治疗；孤独症谱系障碍儿童；建立关系

孤独症谱系障碍（Autism Spectrum Disorders，以下简称 ASD）是一种广泛性发育障碍，其核心表现为缺乏持续性的社会沟通与互动、限制性和重复性的行为模式、兴趣或活动。[②] 现阶段，对 ASD 的干预从医学、心理、教育、康复等不同领域都有诸多探讨。ASD 儿童的核心障碍是社交能力的缺失，这项能力的匮乏在儿童成长的初期会直接反映在儿童与父母难以建立引

---

① 杨畅，任职于南京特殊教育师范学院。

② 李丹，刘贝贝，周晶芝．“音乐治疗+”模式干预孤独症儿童实证研究的述评［J］．现代特殊教育，2023（4）．

导式的成长关系，具体表现各不相同，有的可能是父母叫他没有反应或父母无法和孩子进行一来一往的互动；有的可以与父母建立简单的互动，但在解读父母内在意图时却存在困难等。在心智能力缺失的情况下，ASD儿童的感知觉运动能力、语言能力、认知能力都会因为无法与人和环境流畅地交换信息而更加滞后发展，因此能够与ASD儿童建立关系成为干预的核心。①

音乐治疗作为一个新式的、跨越多种学科的边缘学科，是对ASD儿童进行干预治疗的方法之一。在音乐治疗过程中，治疗师通过各种形式的音乐体验，以及在治疗过程中发展起来的，作为治疗动力的治疗关系来帮助来访者达到健康的目的。② 音乐在与ASD儿童建立关系时具有独特的作用，音乐中流淌的节奏和旋律可以成为与儿童建立关系时的“扶手”。那么，用音乐与孤独症儿童建立关系需要哪些策略呢？本文将系统论述音乐治疗师与儿童互动的关键策略，一方面为在本领域工作的音乐治疗师提供参考建议，另一方面也给予家长、老师或其他干预治疗师具体能操作的用音乐与儿童互动的思路。

一、 捕捉儿童的音乐信息，建立非语言沟通模式

每个儿童都有属于自己的音乐信息，这种音乐信息蕴藏在他们的动作、声音以及情绪情感中，当我们与他们互动时，需要注意这些非语言的沟通信息，观察并解读这些信息，这将是我们与儿童建立关系的关键。ASD儿童通常伴有沟通障碍，甚至终生无语言，有的虽然有口语能力，但说出来的话与情景不符合或者无法进行较长时间的语言沟通。在这种情况下，非语言的沟通就成为一种与ASD儿童沟通的必不可少的工具。③

---

① APA（American Psychiatri c Association）Diagnostic and Statistical Manual of Mental Disorders（DSM-5）[S]. 5th ed. Washington，DC：APA，2013.

② Franco F，Butterworth E. Pointingand social awareness：Declaring and requesting in the second year of life [J]. Journal of Child Language，1996，23：307-336.

③ Steven E. Gutstein/Ph. D. The RDIbook. Connection Center，2009，82-83.

（一）多观察多倾听，提取儿童的音乐信息

捕捉 ASD 儿童的音乐信息是能够与他们在音乐中建立关系的核心。ASD 儿童虽然伴有语言沟通障碍，但与人沟通的需求依然存在，甚至还很强烈。与人沟通是儿童非常重要的学习方式，也就是说如果找不到非语言沟通方式取代语言沟通，也就关闭了部分孤独症儿童的学习通道。音乐作为一种非语言信息，可以成为与 ASD 儿童沟通的代偿方式。①

每个儿童都是音乐儿童，他们有自己独特的音乐信息，比如儿童在奔跑时，奔跑的节奏是他的音乐信息；儿童拍球时，拍球的声音也是一种独特的音乐；儿童嘴里发出的声音有高有低、有快有慢，这就相当于音乐中的节奏和旋律。在我们与儿童互动时，需要认真观察和倾听儿童的音乐信息，当我们换一个视角去观察儿童时，儿童的音乐信息就可以呈现出来了。提取儿童的音乐信息需要扎实的即兴音乐能力，能够将儿童的非音乐信息转化成有品质的音乐信息。

（二）运用儿童的音乐信息发展出有意义的音乐互动模式

在捕捉到儿童的音乐信息后，音乐治疗师需要在此基础上发展出有意义的音乐互动模式，一般可以通过模仿、回应、扩充等方式来发展音乐动机，与儿童建立简单又有规律并且能够激发儿童兴趣的互动模式，这是一个动态且极度需要创意的过程。比如儿童在治疗室中乱跑，有时跑得快，有时跑得慢，跑累了就停下来。混乱的动作模式中也有规律，音乐治疗师需要找到其中的规律，并将这样的规律进行音乐化。比如我们可以创编一段快慢对比的音乐，在儿童跑得快时演奏快节奏的音乐，在儿童跑得慢时演奏慢节奏的音乐，而在儿童停下来时，用突强的声音配合儿童停止的动作。几个回合下来，儿童会慢慢捕捉到音乐和动作之间的关系，逐渐注意到治疗师的音乐，并慢慢受到音乐的影响，比如在治疗师演奏的乐句快结束时，儿童也会有意识地停下来，如果出现这样的情况，就证明儿童和治疗师在音乐中慢慢地实现了合作，这是建立关系的特征行为。这个阶段音乐

---

① Brooks R，Mkltzoff A. The development of gaze following and its relations to language［J］. Developmental Science，2005，8（6）：535-543.

互动的关键是从混乱的信息转为规律的信息，无论儿童给予的信息有多混乱，治疗师都应从中找到规律，互动过程对音乐治疗师的观察能力、即兴音乐能力以及临床敏锐度都有着非常高的要求。①

二、 选择适合的物理空间界限，提升儿童的安全感

在音乐治疗中，如何选择适合的物理空间界限特别需要深思熟虑。在治疗初期物理空间的布局是较动态的，需要根据音乐治疗师对儿童的观察具体决定。有时，界限需要大；有时又需要给出较小而又清晰的互动边界，以下列举几种不同类型儿童适应的选择方案：

1. 缺乏安全感并对陌生环境排斥的儿童

对陌生环境排斥的儿童往往会以哭闹的形式回应人。这时候选择的音乐治疗室不能太大，太大的房间需要儿童处理的信息也太多，反而会引发更大的焦虑；但治疗室也不能太小，太小的房间会给儿童带来压抑的感受。房间大小大概可以是12～18平方米。面对哭闹不止、对环境很排斥的儿童，治疗师也不宜太靠近，还需要特别邀请儿童的父母一起进入治疗室。治疗师可以在治疗室中间铺上一块安全垫，并在安全垫上摆上不同的乐器，而治疗师坐在垫子上与儿童保持一段距离，但继续用音乐与儿童互动。

2. 活泼好动且注意力分散的儿童

与活泼好动且注意力分散的儿童互动不能安排在过大的治疗室，比较适合的房间大小大概为8～12平方米，且治疗室的环境要相对简单，不能有太多物品干扰，另外给予这种类型儿童的界限可以为整个房间，也就是说只要他不出教室就可以在房间的任何位置来参与互动。音乐治疗师可以通过垫子

---

① Brooks R，Meltzoff A. The importance of eyes：How infants interpret adult looking behavior [J]. Developmental Psychology，2002，38 (6)：958-966.

或者椅子来设定天然的物理界限，既没有压迫感，同时还可以建立空间界限，因为大部分儿童看到两张椅子放在房间中会自然地坐在其中一张上，而治疗师可以坐另一张椅子，面对面的互动模式就开启了。

3. 无法参与纯音乐活动的儿童

还有一类儿童，普通的音乐类活动完全无法引起他的兴趣，在互动时儿童对规律性的听觉信息也没有适应性反应。这时，治疗师可能考虑使用一些辅助性器具，比如感统设备里的秋千和彩虹伞之类，引导儿童坐到秋千里聆听音乐来互动。这样的操作方式主要是在儿童无法对规律性听觉信息进行反应时开展，借助感统设备帮助儿童形成身体感受上的规律性，借助代偿形式建立互动基模。建议将这种类型的儿童安排在空间大一些的治疗室，治疗室里可以放置蹦床、秋千等感统设备。

三、 提供多种乐器，给予儿童自己做选择的机会

在建立关系的初期，由于不确定儿童会更倾向于哪种乐器，可以给儿童提供几种乐器选择，让儿童自由地选择自己想要的乐器。这里需要切记：提供的乐器选择不能过多，因为过多的选择会导致治疗师更难与儿童建立有规律的模式；而当给予的乐器选择过少时，一方面会失去了解儿童乐器倾向的机会，另一方面也会失去与他们互动的机会，一般治疗师可以为儿童提供3～5种乐器。当儿童对已经准备给他们的3～5种乐器也不感兴趣时，治疗师可以考虑两方面原因：第一，儿童的注意力持续性弱，他们在每种乐器上的探索时间都很短。第二，儿童可能真的不喜欢治疗师提供的乐器。如果是第二种原因，音乐治疗师可以在儿童探索完后再替换另一些乐器给儿童，并把原来的乐器收回来，这样就可以保持互动环境没有太多干扰，保持儿童关注的持续性。①

---

① 陈玉美，林珍萍，王红，陈捷文，黄伟新.《孤独症儿童相关能力缺陷与共同注意力的关系》，康复学报2015年第25卷第2期：51-52.

四、抓住音乐互动的关键点，提升儿童在互动中的关注度

在与儿童进行音乐互动时，有几个关键的时刻，抓住这些关键时刻可以有效提升儿童在互动中的关注度，这些关键时刻包括音乐的起点、终点、断点和特点。一首音乐的起点往往可以和儿童目光对视的时刻匹配在一起，当他看过来的时候，音乐就在这个瞬间流淌出来，这两者之间形成多次连接后，喜欢听音乐或者对声音有好奇心的儿童就会增加对互动对象的关注，为后期互动打下基础。

第二个关键点是音乐的终点，终点前常常会出现带结束性的音乐动机，比如从属和弦解决到主和弦。在终点出现前，我们可以引导儿童加入互动中，比如拍手、拍鼓等，而当他拍手或拍鼓的同时，最后一个音也会随之出现。

第三个关键点是音乐的断点，我们在与儿童互动时，儿童可能常常会出现注意力分散的现象，此时就可以尝试暂时中断音乐，音乐戛然而止会引发儿童的好奇心以及重新的关注，这时随着儿童注意力的回归音乐也可以重新响起。

第四个关键点是音乐中的亮点，每首音乐都有独特的亮点，而每一个亮点都是我们可以与儿童开展互动的关键点，比如《小老鼠上灯台》的乐曲中四个十六音符的节奏处，叽里咕噜叽里咕噜，就是亮点，也是我们可以引发互动高潮的音乐节点，在这个关键时机抓住与儿童互动的分享式注意力，我们甚至可以对儿童在乐曲其他部分互动时的注意力降低要求，但到了亮点处，儿童会自主地转移注意力回到活动中。把握住了音乐中的起点、终点、断点和亮点就可以有效地提升互动时的注意力，引导儿童不知不觉被音乐吸引，有效提升参与音乐互动的主动性。

结 语

ASD儿童的最大障碍就是无法与人建立关系，从而导致他们失去成长性需求，无法与人建立“接发球”机制的互动，这样大量失去从互动中获得认知和技能机会的成长是加重ASD儿童全面发展障碍的真实原因。音乐具有非语言的沟通功能，可以帮助儿童与人恢复互动关系。本文论述的四大策略是音乐治疗师在治疗初期与儿童建立关系的策略，即捕捉儿童的音乐信息，建立非语言沟通模式；选择适合的物理空间界限，提升儿童的安全感；提供多种乐器，给予儿童自己做选择的机会以及抓住音乐互动的关键点，提升儿童在互动中的关注度。当我们能够在音乐治疗中灵活运用这四个策略时，音乐就在治疗师与儿童之间搭建了一座轻松、愉快同时内涵丰富的桥梁，在这座音乐桥上，音乐治疗师可以与孤独症谱系障碍的儿童用音乐来沟通交流，降低他们社交中的焦虑感并提升他们与人互动的连接感、自主感和胜任感。当他们与外界的沟通渠道通畅时，ASD儿童就重新启动了自己的成长机制，这是他们未来能够独立自主的关键。①

---

① 夏娟．“欣赏＋”模式下接受式音乐治疗对孤独症儿童的干预路径探究，当代音乐，2021(10)：41-42.

认知式美术治疗在改善孤独症儿童认知中的实践研究

高颖培① 孙新菊*

【摘要】 孤独症儿童的认知能力一般落后于同龄儿童，且存在逻辑认知偏差或者无逻辑性以及问题解决能力差等特点。针对孤独症儿童的康复教学方法有很多，但是都有着不同的限制和弊端，现代教育者和康复治疗师将艺术活动运用到康复训练中，以此促进孤独症儿童的发展。本文通过理论结合实践的方法将认知式美术治疗应用于孤独症儿童的康复教学中，提升其内在自我认知，促进孤独症儿童的康复效果。

【关键词】 认知式美术治疗；孤独症儿童；康复实践

孤独症也叫自闭症，是一种较为复杂的神经性发育障碍疾病，显著症状归纳为社会性语言沟通障碍、社会交往障碍及刻板行为。针对孤独症儿童的这些障碍，近现代特殊教育研究者在实践中摸索出回合实验教学（DTT）、言语行为法、随机教学、地板时光（DIR）、结构化教学（TEACCH）等方法②③④。在孤独症儿

---

① 高颖培，时为南京特殊教育师范学院学生。孙新菊，任职于南京特殊教育师范学院。

② 陈顺森，白学军，张日昇. 自闭症谱系障碍的症状、诊断与干预［J］. 心理科学进展，2011，19（01）：60-72.

③ 潘燕华. 心理分析取向的整合治疗模式对高功能自闭症儿童的治疗探索［D］. 华南师范大学，2005.

④ 格兰丁. 用图像思考——与孤独症共生［M］. 华夏出版社，2014.

童的康复过程中，教育机构主要使用结构化教学（TEACCH），教学中使用密集且高度结构化的认知和行为技巧。高强度的训练促使儿童的认知迅速发展，但经过一段时间后，孩子的认知与行为出现了倒退现象：刻板行为增加，情绪的控制力下降，生活和学习更加依赖外力；经过查阅资料发现，出现这种情况的原因是：高强度下康复训练的内容与孩子的认知水平之间出现了失衡。在训练过程中，面对这些无法理解的内容，孩子感到迷茫和无措，为了寻找“安全感”，孩子尝试退回“原来的世界”①②③。当前机构使用的结构化教学系统，课程设置上多重视物理环境的内容，而人际关系的建设较少，难以培养孤独症儿童的社会性。针对这样的弊端，特殊教育研究者开始不断引入新的教学方法，削减高度结构化教学带来的消极影响。整合治疗模式、艺术治疗、游戏疗法等新颖的教学方法逐渐运用到孩子的教学过程中④。新加入的教学方法，不仅关注孩子的一般认知，还关注孩子的社会性认知。孤独症儿童与普通儿童的差异主要体现在学习能力弱、问题解决能力差、注意力难以集中等障碍上，所以对比选择后，本研究主要使用认知式美术治疗对孤独症儿童进行康复训练。

认知式美术治疗是将艺术作为一种认知的活动，在创作时纠正错误的认知，通过改变对象的心像来改善行为，提高问题解决和自控力水平。艺术治疗由最初的精神分析学派发展而来，在不同领域的学者实践和整理下，逐渐发展出了发展取向、反应式取向、认知行为取向、个人构成取向、认知取向等⑤⑥⑦。认知取

---

① 孙霞. 特殊儿童的美术治疗［M］. 北京大学出版社，2011.

② 周伟珍. 绘画艺术治疗在低功能自闭症儿童社会适应训练中的作用［J］. 牡丹江教育学院学报，2020，(06)：121-122.

③ 黄媛. 自闭症儿童绘画艺术治疗［J］. 九江职业技术学院学报，2019，(03)：86-88.

④ 李家俊，何灿. 艺术治疗在自闭症儿童干预中的应用与启示［J］. 中小学心理健康教育，2019，(23)：63-65.

⑤ 刘玮，涂燊，涂平，何正胜，张晓军，张梅. 自闭症儿童“美术治疗”实践中存在的问题及对策［J］. 绥化学院学报，2019，39 (07)：79-83.

⑥ 张雯，顾昭明. 艺术治疗在自闭症儿童心理发展中的应用［J］. 吉林医学，2009，30 (10)：929-930.

⑦ 张雯，顾昭明. 自闭症儿童绘画艺术治疗的初步尝试［J］. 内蒙古中医药，2009，28 (06)：24-25.

向的美术治疗在多年发展中逐渐成熟，特殊儿童教育研究者西勒维尔在多年实践中，将皮亚杰儿童发展理论作为基础，对儿童进行绘画测验和训练，通过图像语言，评估和促进儿童认知能力的发展①②。美术治疗师塞尔娃采取美术活动训练儿童的逻辑认知和想象力的发展，在教学中使用绘画着色、言语指导、想象等技巧来发展儿童的这些能力③。认知式美术治疗的技巧都带有心理学和教育学的背景，吸取了其中合适且有益于儿童发展的内容。认知式美术治疗的策略与技巧有“想象”（通过良好且有效的想象来促进儿童不同层次认知的发展，如记忆力、学习能力、反应、问题解决及创造力）、“自我放松”（通过冥想、情景式想象等进行放松，提高儿童自我效能感，放下防御，在进行艺术创作时促进心像的形成）、“示范与模仿”（师生进行角色扮演，为儿童演示正确的行为和问题解决方法，儿童进行模仿从而促进认知的发展）、“改良式感觉递减”（类似于系统脱敏法，儿童通过想象和实地进行练习，减轻压力和特定事物的恐惧程度）、“问题解决策略”（一套如何系统解决问题的方法，在治疗师的指引下进行，包括分析前因、线索、问题本质、反复尝试解决、结果分析等）、“压力消除”（儿童通过预想压力事件、理性辩解等方法来减轻压力）、“自我式言语指导”（减少儿童对自己负面评价，治疗师引导儿童使用积极的言语指引自己行动）。对孤独症儿童的治疗过程中，使用这七个技巧，相互交叉，在儿童的想象和绘画过程中，促进心像的改变，从而提高认知水平④⑤⑥。

---

① 羊真，李敏超. 自闭症儿童美术治疗活动的实践研究 [J]. 科教导刊（下旬），2016，(10)：159-161.

② 羊真. 自闭症儿童美术治疗活动的设想 [J]. 中国校外教育，2020，(08)：1-2.

③ 崔建华，谢小璐. 对自闭症儿童进行绘画治疗干预的实验研究 [J]. 唐山师范学院学报，2013，35 (04)：127-130.

④ 谭雨诗，何灿. 绘画治疗在自闭症儿童教育中的应用研究 [J]. 早期教育（美术教育），2019，(12)：12-14.

⑤ 陶琳瑾. 儿童艺术治疗 [M]. 江苏教育出版社，2010.

⑥ 王楠. 基于绘画治疗的自闭症儿童情绪表达辅导个案研究 [D]. 西南大学，2019.

一、 对象与方法

（一）研究对象与内容

本文为对三位孤独症儿童进行认知式美术治疗的内容，活动方案详见表1和表2。

表1　认知式美术治疗课程的内容

认知式美术治疗课程的内容	
肖像类	尝试对自我和他人进行认知。内容可以是自己眼中的自我、别人眼中的我、好朋友、爸爸妈妈等。
物象认知类	引导儿童观察物体的形象。内容可以是自然植物、美食、小动物、日常生活用品等。
环境类	自我情绪的表达与观察力。内容可以是卧室、想象中的房间、爸爸妈妈的房间、学校教室等。
事件类	促进孩子观察和解决问题的能力。内容可以是节假日、日常生活、校园游戏、紧急突发性事件等。
逻辑训练	促进内在逻辑的发展。内容可以是颜色排列、渐变、组合、叠加、规则形象的绘画等。

表2　三位孤独症儿童情况简表及治疗目标、内容及方法

孤独症儿童姓名	年龄	认知情况	个案治疗目标、内容及方法
宁宁	13岁	被诊断为轻度孤独症。从6岁开始干预，现在语言能力发展良好，一般认知良好，但是注意力较差，问题的解决必须他人辅导，看老师或者家长眼色，得到肯定才会继续行动，对物体有认知，可以叫出名字，但是逻辑性差。	宁宁的问题主要是独立解决问题的能力较弱、无自信心、逻辑差、注意力弱。 宁宁之前未接触过绘画，由于宁宁只在暑期期间康复两个月，时间较短。综合各种因素，本文设计了自由绘画、人物画像、想象绘画、黏土制作等，一共12次美术治疗课程。在治疗过程中需要使用想象、放松、自我式言语指导等。

续表

孤独症儿童姓名	年龄	认知情况	个案治疗目标、内容及方法
晨晨	6 岁	被诊断为轻度孤独症，干预时间短。查看晨晨的评估报告后，得知该孩子认知情况良好，语言发展正常，但社会性差、问题解决能力差、遇到难题会有情绪行为、在群体中很难看到有高兴的表情。	晨晨在治疗之前有过绘画的经历，且接受过美术培训，绘画能力较强。晨晨需要改善的问题集中在社会性认知、问题解决、情绪行为上。针对晨晨的问题，治疗师要准备一个轻松融洽的环境，在治疗过程中使用语言鼓励，并示范正确处理问题的方法。该孩子的想象力丰富，所以在绘画形式上以想象绘画为主，前期通过命题绘画进行评测和观察，后期内容随机应变，充分发挥儿童的主体性。
铭铭	8 岁	被诊断为中度孤独症，干预时间较晚，认知水平差，有情绪行为，语言发育迟缓，有“鹦鹉学舌”的现象。在上课时若无法回答老师问题且老师再次追问的话，会出现哭泣、大喊大叫、寻求抚摸脸部等行为，在治疗过程中的注意力不集中。	针对铭铭的情况，由于干预较晚，前期需要先掌握孩子的认知能力再进行康复，结合孤独症传统的结构化教学进行康复治疗，以促进孩子的认知和解决问题行为为主。

（二）研究方法

在实施认知式美术治疗时，需要判断本次治疗是否有效，治疗的效果可以从以下四个方面进行：孩子的问题行为是否解决、孩子能否控制或者削弱消极的情感、孩子对自我的评价是否变得积极了、在不同场景遇到问题时的行为和解决策略是否有改善。

二、结果与分析

（一）宁宁的治疗过程及作品分析

1. 初次治疗

内容：自由绘画

在第一次与宁宁接触时，发现宁宁比较胆小，她可以和治疗师进行交流，但是经常低头，眼神交流少。本人先带领宁宁熟悉周围的环境，然后向宁宁介绍了今天的绘画内容，希望他画出一群在跳舞的圆圈。宁宁拿起笔开始低头绘画，本研究发现宁宁只是用一种颜色的笔进行绘画，于是让宁宁闭上眼睛，想象在太阳底下，吹泡泡的颜色。在想象过程中宁宁说出了红色、绿色、紫色、粉色、蓝色等不同的颜色。在治疗师的鼓励下，宁宁开始拿不同颜色的笔进行绘画。宁宁的绘画作品中，各种颜色开始出现，颜色绚丽。在整个绘画过程中，宁宁基本沉浸其中，但是依然会看老师眼色，得到老师肯定才继续绘画（图 1）。

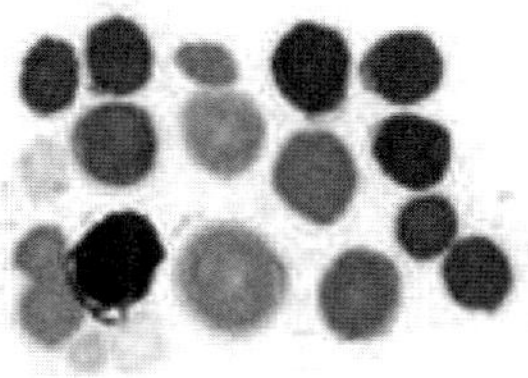

图 1　学生作品《泡泡》

2. 第二次治疗

内容：画人像

第二次治疗，本文先和宁宁玩最喜欢的拼图游戏，一起听宁宁喜欢的歌曲。确定孩子完全放松后，一起看绘本，和宁宁讨论里面人物的样子，最后引导宁宁画老师。宁宁拿起画笔开始绘画，由治疗师当模特。在绘画过程中，治疗师不断进行言语上的鼓励。作品完成后，本研究发现宁宁将所画人像进行了“肢解”，将身体的部位进行排列，未形成一个整体，且部位是模糊的。此时询问每个部位的名字，80％的部位可以答出，其余的混淆。可见宁宁的整体逻辑性较差，无法将事物整合在一起，只关注事物的局部与表面（图 2）。

图 2　学生作品《人物》

3. 第三次治疗

内容：黏土制作

针对前两次的绘画反馈，此次治疗课程为宁宁设计了黏土制作。准备了水果和蔬菜，在绘画之前先让宁宁通过触摸、闻、吃、不同距离观看等方式进行物理感知，同时引导宁宁想象妈妈会怎么去利用这些蔬菜和水果制作饭菜，做出来后是怎么样的。在此过程中，宁宁对这些蔬菜和水果有了多维度的认知。本次宁宁捏的是静物组合，主要目的是能够在治疗师的引导下，将水果和蔬菜摆放在正确的位置。经过引导，宁宁可以将静物放在相应位置。引导过程需要治疗师多次提醒，且多次出现宁宁得到肯定后才继续进行制作的情况，出现这种情况时，治疗师给宁宁写了一张卡片，内容为“宁宁很棒，宁宁可以自己画出来”，放在宁宁前面，当宁宁出现不自信情况时，宁宁自己读卡片（图 3）。

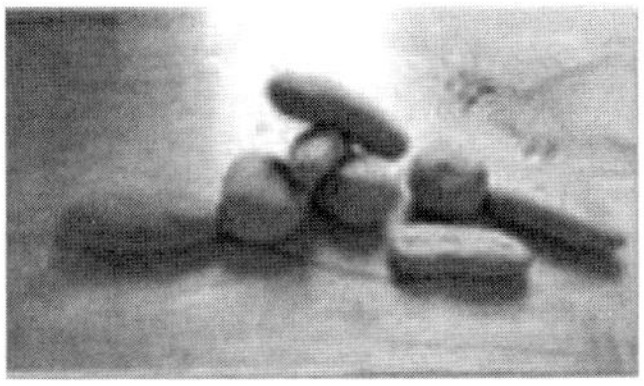

图 3　学生作品《静物》

4. 第四次到第十次治疗

内容：这七次治疗，均围绕静物的组合、单个物体的观察与绘画（图 4）、动物黏土的制作等开展。由于宁宁的认知良好，鼓励卡片也在不断起作用，提高宁宁的自信心，到第十次治疗时，宁宁已经可以将动物黏土看作一个整体，在这个过程中无须治疗师提醒。

图 4　学生作品《西瓜》

5. 第十一次与第十二次治疗

内容：人物画像与想象绘画

经过两个月的绘画，宁宁已经可以独立绘画出一些具体的形象，在老师的指导下可以画出成组的物体。最后两次绘画以促进宁宁的事物整合能力和观察能力为主。首先放一段聊天的场景音乐，宁宁听到后，马上反应出是在讨论问题。治疗师鼓励宁宁想一想还有什么？宁宁在思考后，说出窗户、床、两个人、桌子等物品。结束想象后宁宁开始绘画，此时治疗师假装在忙其他的事情，减少对宁宁的关注。在绘画期间，宁宁有 3 次准备向老师询问，但是看到卡牌后，又低下头继续绘画。此次绘画作品，宁宁已经可以将人物的肢体完整地放在一起，对物体的摆放也非常有条理性（图 5、图 6）。

图 5　学生作品《房间》

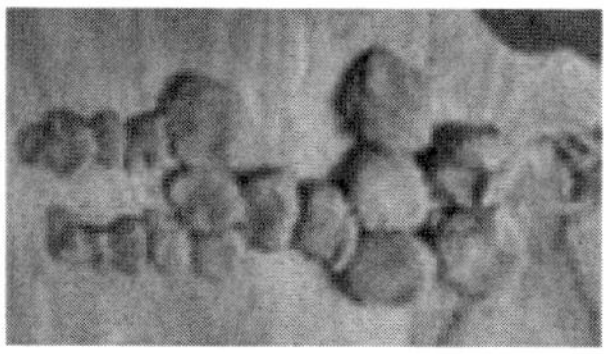

图 6　学生作品《人物》

6. 宁宁的治疗效果

经过十二次的治疗，宁宁的问题行为渐渐减少，可以独立进行绘画，不再依赖老师的支持。对自我的评价出现正面语言，更自信，会对自己说“我很棒！我可以的。我可以完成的”等积极语言。绘画的时间增加，注意力和控制力有了提高，东张西望的次数减少。创作表现上，开始关注物体对的细节，物体之间也呈现出更多的联系和逻辑性。

（二）晨晨的治疗过程及作品分析

1. 第一次治疗

内容：房-树-人绘画

本人作为晨晨的集体课老师，在此期间已经建立了相互信任的关系。所以第一次治疗直接进行命题绘画，进一步评测和观察晨晨的问题。首先，治疗师要求晨晨在纸上画出房子、树木、人。晨晨听到要求后马上拿起笔进行绘画。在绘画过程中说，“我住在一个漂亮的房子里面，周围有棵可爱的树，我喜欢在这里玩耍，天上飞了好多小鸟……”本研究发现晨晨主要以自言自语为主，一般不会询问老师。当有询问时，则会出现自问自答的现象，如“老师，这里该画什么呢？这里该画一枝花，一只小鸟……”观察晨晨的绘画作品发现，晨晨社会意识弱，想象力丰富，晨晨将自己关在房子里面，外面有许多小鸟在玩耍，但是彼此之间的互动较少（图 7）。

图 7　学生作品《小鸟》

2. 第二次治疗

内容：自由绘画想象

本次绘画，由晨晨自己提出，说自己想变成一位公主，穿上美丽的衣服。本次绘画过程中晨晨言语较少，全程在进行绘画，偶尔向老师解释“这是公主，这是王子”的语言。绘画结束，本人与晨晨进行交流，询问本次都绘画了什么内容，晨晨告诉老师，这次画的是一位王子骑车带着公主去彩虹房子参加婚礼。在绘画内容，本研究观察发现，与上次绘画内容相比，人物之间开始有联系，社交性行为出现（图 8）。

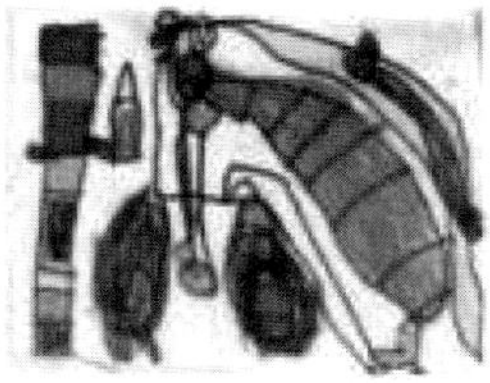

图 8　学生作品《婚礼》

3. 过度治疗阶段

内容：命题绘画与自由联想绘画

第二次到第十次治疗，为过渡阶段，绘画内容偏向于动物，老师在绘画过程中引导晨晨产生社会性行为。首先提出问题，如“有两只迷路的小鸟找不到家该怎么办？乌鸦喝水被其他动物看到发生了什么事情?”针对这样的问题，晨晨自我想象进行问题的解决，例如图 6 中，晨晨为了两只迷路的小鸟，首先寻找来了兔子叔叔，询问他有没有看到小鸟的家人，兔子帮忙找到小鸟的家人，小鸟的家人过来后，喂小鸟好吃的，同时为两只小鸟找了好朋友一起玩耍。在过渡阶段，整个绘画内容，以问题的解决和产生社交行为为主，慢慢削减晨晨的社交障碍（图 9）。

图 9　学生作品《找家人》

4. 问题解决与社交行为强化阶段

最后的治疗阶段，主要针对晨晨的障碍结合认知式美术治疗的技巧来进行。本次治疗设定是一次在草原上旅游的情景。晨晨将旅游场景绘画后，老师告诉晨晨有人落水了，晨晨经过自己的努力救出了孩子。通过分析晨晨的绘画作品，发现看到有同学落水，晨晨尝试和朋友搭桥救人，但是发现距离太远，于是找来了长头发的仙女，用长长的头发当绳子救人。救人之后，大家很开心地在草坪上舞蹈。在整个过程中，晨晨表现出救人的无奈、焦急和成功救人之后的欣喜。晨晨开始喜欢这样的感觉，并能在完成之后，可以对自己说“我救了小朋友，我真厉害”，对自己的负面评价大大减少（图 10）。

图 10　学生作品《旅游》

5. 晨晨的治疗效果

对晨晨进行治疗后，通过观察绘画内容，我们可以看出晨晨展示的颜色和物品逐渐丰富，表达更阳光，可以将自己的情绪融入其中。晨晨对自我的负面评价减少，主要体现在语言和情绪表达上，在集体中，可以和其他小朋友进行积极的交流，分享物品，社交行为增加，笑容也经常挂在脸上。

（三）铭铭的治疗过程及作品分析

1. 初次接触

内容：结构化教学与绘画能力评估

第一次上课，首先进行图片认知，研究发现，铭铭对初级阶段的名词图片可以认出一部分。在语言认知上，老师问什么，铭铭就重复老师的语言，出现鹦鹉学舌的现象，而且会看老师的眼神再回答问题。后面本人让铭铭拿起蜡笔绘画，铭铭拿起笔在纸上轻轻地滑动。观察发现 8 岁的铭铭只是在纸上进行移动，没有绘画出具体的内容，也无法回答出自己用什么颜色在绘画。

2. 情绪的释放

内容：色彩涂鸦

本次绘画主要是缓解铭铭的情绪问题，我告诉铭铭今天要画彩色线条，在我的带领下，铭铭使用不同的颜色进行涂鸦，我引导他多使用亮丽的颜色。在图片中，铭铭将颜色进行叠加和融合，结果让他感到很新奇。绘画过程中，我观察到铭铭的情绪有了缓解，问题行为减少（图 11）。

图 11　学生作品

3. 后期的强化学习

内容：颜色的认知

本研究结合铭铭已有的经验进行治疗。每次训练 10 分钟，分 4 到 6 次强化训练。铭铭可以认识苹果、绿草、太阳等名词，所以在绘画时，本研究使用“请铭铭画出红红的苹果、蓝蓝的天空、绿色的草、黄色的太阳等”引导绘画，同时引导铭铭对这些物质进行观察，加强对颜色的感知训练（图 12）。

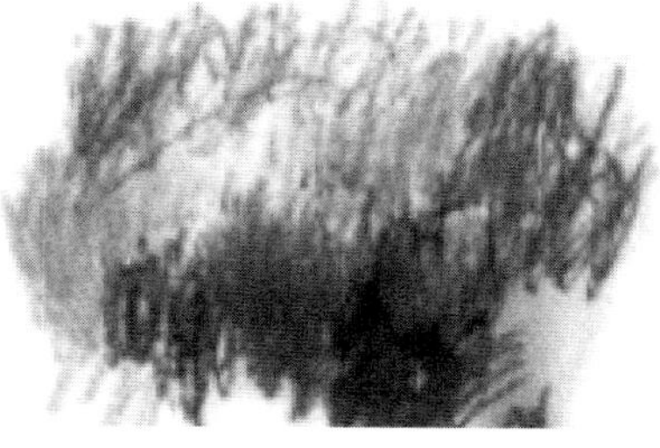

图 12　学生作品

4. 铭铭的治疗效果

经过短时间的治疗后，铭铭的负面情绪行为有了一定的减少，需要他人抚摸安慰的行为频率也渐少。“鹦鹉学舌”的行为频率减少，在面对“这是什么？你在干什么?”等问句时，很少出现“学舌”现象。认知上，已经可以认识 5 到 6 种颜色；因为干预晚，所以注意力和自控力方面的进步较小。

三、 结论

三名孤独症儿童在经过认知式美术治疗之后，认知能力与问题解决能力都有所发展，宁宁与晨晨治疗的时间为期 2 个月，效果明显，宁宁在后期创作中，已经可以独立创作出完整的作品，对事物的整体认知有了良好的发展。晨晨充分发挥想象力，在绘画内容上有了新的内容，良好的社交行为出现，本研究观察发现，在集体中晨晨开始与他人对话，分享物品。对于铭铭，情绪行为有了较大的缓解，在认识一部分颜色后，受语言发育迟缓的影响，后期治疗效果不明显。

本研究在认知式美术治疗前，先观察孩子的问题行为，记录下孩子的问题行为。在艺术创作过程中使用询问法结合绘画内容，判断认知，艺术作品完成后使用绘画心理技巧分析孩子的创作内容，并结合询问法与孩子一起探索自己的绘画内容，在整个艺术创作过程中交叉使用，可以完整地记录和分析出孩子在治疗过程中的表现。

本研究发现对孤独症儿童进行的康复治疗，要做到对症下药，具有不同问题的孤独症儿童要采取不同的康复治疗方法，也可以将其他取向的美术治疗和干预手段运用其中，从而促进孩子的健康发展。

听障大学生无障碍标识系统设计教学实践研究

孙敏娜①

【摘要】 在“十四五”特殊教育发展提升行动计划的背景下，针对听障大学生的教学实践研究，以无障碍标识系统设计为切入点，分析实境教学的问题和对策，由内到外打通情意性到项目式教学的思路，总结教学成果与实施路径，展望标识系统设计课程改革的新方向，探索符合听障职岗需求的设计人才培养路径。

【关键词】 无障碍；标识系统设计；听障大学生；导视系统设计；教学实践

【基金项目】 2023年度江苏省社科应用研究精品工程课题一般项目，博爱南京无障碍标识设计研究（项目编号：23SYB-095）。

标识系统设计L为专业核心课程，开设于视觉传达设计专业，授课对象为三年级的本科听障生，课程48课时，“L”是“聋”开头的汉语拼音。该课程是一门专业交叉课程，为大众高效、安全、有序地寻找方向，提供视觉信息服务。

① 孙敏娜，任职于南京特殊教育师范学院。

一、 课程理念与目标定位

“十四五”特殊教育发展提升行动计划的背景下，基于成果导向的教育理念，以听障学生为中心，关注听障学生的职业行动能力，根据听障学生的学情特点制定差异化的教学策略，将标识系统设计纳入教学内容，专注于图形无障碍①标识系统设计类型。针对听障生需求，以及视觉和触觉的优势，针对听障群体的出行特点和切身体验，开展主题教学。以调研为基础，以问题为导向，通过痛点分析和设计需求，进行教学设计和研究创新。注重每一个听障生的能力达成，通过翻转课堂，让听障学生上台分享调研和作业过程。为达到拓展知识，通过十次平时作业，一课一练。以小组项目为主题开展作业，每节课小组成员上台汇报，提升听障生组织协作和设计表达能力。以社会和用人单位要求为导向，提高听障生的职业素养和专业特长，同时达到教学目标和完成课程建设。

二、 实境教学的问题和对策

因授课对象不同，面向听障学生的标识系统设计 L，与面向健听学生的标识系统设计的教学定位和内容应有所区别。对于听障学生标识系统设计教学内容，需根据听障学生的培养目标和毕业要求，充分认识听障学生的自身特点，认同听障群体的需要，从听障学生自身出发，寻找标识系统设计课程内容的切入点。有限的课时，对于教学内容“博与专”的辩证关系，听障生可“先专后博”，快速入门，从自身需求的“无障碍标识系统设计”角度调研分析，重点落在空间导视，

---

① 倪春洪．针对弱势群体公共空间导视系统创新设计与应用研究［M］．北京：中国纺织出版社，2023：75.

获取切身经验的设计痛点，针对性地完成听障需求的无障碍标识系统设计作品。

2021 版人才培养方案中的《标识系统设计》课程，同《标志设计》和《VI 设计》名称相似且存在重叠内容。在修订 2023 版人才培养方案中，《标识系统设计》更新为《空间导视系统设计》，《标志设计》和《VI 设计》合并为《标志与 VI 设计》，修订后的课程名称更加明确地表达了教学内容，同时，更名后的《空间导视系统设计》，同无障碍标识系统设计教学内容的定位不谋而合。目前大纲仍用 2021 版，但教学内容升级至 2023 版。

三、“由内到外”打开从情意性到项目式教学的思路

在学习生活中，听障生遇到的困难比普通学生遇到的多，长期积累听障生容易产生自卑心理、易变情绪和消极意志行为，因而需要情意性教学。项目式教学适用于艺术设计实践类课程。情意性教学注重内在激励，项目式教学强调外化行动。从情意性到项目式教学，是从内到外的教学模式，也是从思想到行动的物化路径。（图 1）

（一）情意非智力因素激发学习动机

情意性教学，注重情感、意志、兴趣、动机和价值观等非智力因素。情意性来自孔孟为代表的先秦儒家思想，是学习动力支持系统的重要部分。此法除需要具备最低限度的智力水平外，更需要非智力因素，如一些积极的心理品质①，二者相互作用。经过高考筛选的听障大学生，智力水平相对较高，也存在智力水平一般或较低的听障生。因受语言表达、反应力、注意力和观察力等因素影响，听障生更需要非智力因素来激励。正如《论语·述而》中孔子所言的“志于学”，激发听障生形成稳定的学习动机，提高其意志力，在

① 常国良．先秦儒家学习思想的情意性特征及其对高校教学改革的启示［J］．黑龙江教育，2019（8）：16.

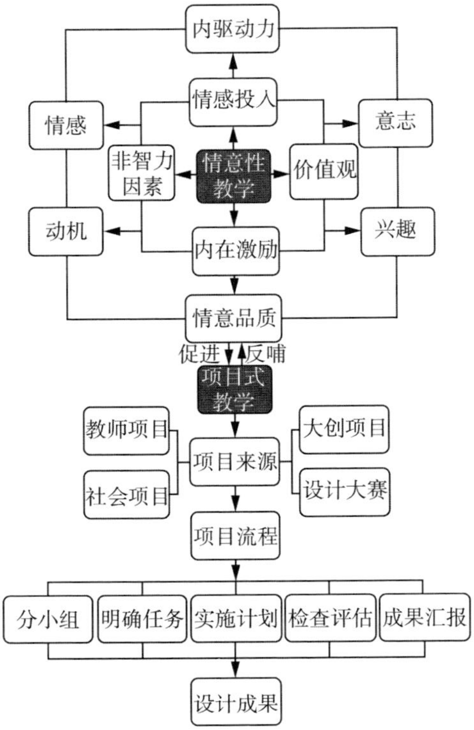

图 1 “由内到外”情意性到项目式教学思路（作者绘制）

标识系统设计作业中持之以恒，形成“学而不厌”的意志，通过不断地钻研技能和打磨作业，达到课程学习目标。

（二）情感投入提升爱好和乐趣

听障生“失聪”反而促成其“视知觉”功能补偿，教师在教学中投入情感，引导他们将自身局限，转变成优势补偿和内驱力，驱使他们渴望学习热爱生活，把爱好和乐趣专注到听障生擅长的视觉传达设计中，将情感、兴趣和学习形成正向互动，达到《论语》所言的“好之”和“乐之”。孔子把学生分为“知之者”“好之者”和“乐之者”，三个层次的比较如《论语·雍也》所述“知之者不如好之者，好之者不如乐之者”。通过教师热情、激情和真情的积极情感投入，让听障生在标识系统设计课程中，从学习知识的“知之者”转为爱好课程的“好之者”，再成为乐在其中的“乐之者”。

（三）情意外化行动于项目式教学

听障生的内驱力通过情意性教学激发，将饱满的情感和意志投入项目式学习中。项目来源依托教师课题项目、大学生创新创业项目、设计大赛项目或社会项目。项目流程包括：分小组确定小组长、明确项目任务，制定和实施计划，检查评估，归档成果汇报等若干阶段。目前项目式教学的实施，通过明确各小组项目主题，以行动为导向，师生共同开展有计划的设计项目，并完成教学活动。在课程结束时，项目成果为无障碍标识系统设计作品。

（四）项目式教学物化设计成果

项目式教学的实践行动有效物化设计成果。项目成果在课程末次课时，由各小组听障生代表和手语翻译同学，在讲台上发布成果，汇报设计历程中的调研、问题、解决方案、经验，以及作品从草图到终稿的全部过程。以2107L班为例，23人分成4个大组，每组1个小组长，4～6个成员，大组还可以再细分小组，至少2人。基于无障碍校园标识系统设计主题，各小组细分主题，把大主题拆成子主题，分别是办公楼、图书馆、教学楼和校园公共空间，四个小组各选一个子主题进行无障碍标识系统设计。小组长和成员协商调研方案，分工任务内容，观察、倾听和思考各自子主题，调研分析并探究解决方案。课余时间，线上小组群沟通交流；课程时间，课堂讨论方案。经过反复梳理分析，深度理解问题，根据痛点探寻想法，小组成员集体头脑风暴后，各自进行草图创作，经过教师指导筛选草图方案，每组确定至少一个方案，结合教师建议多次修改设计稿，最终形成无障碍标识系统设计作品成果。

（五）项目式教学层层反哺听障生情意品质

项目式教学中，项目小组的协作分工、主题探究、教学方法以及课堂氛围，层层反哺听障生的情意品质。小组团队协作能凸显各人优势，引发内驱力动机，锻炼探究意志，提升学习兴趣，增强信心和行动力。小组长引领和协调团队，成员根据自身特长发挥各自优势。例如，善于表达的听障生作为汇报代表，内敛安静的听障生擅长查找资料或整理材料。小组主题的资料调研、数据采集和内容探究，提升了听障生的综合素质和内在品质。此外，项目式教学法调动课堂氛围，更进一步激发听障生的主动性和思辨性。课程中以听障生为主体，教师参与指导，共同围绕项目主线开展研讨，课堂氛围活跃。当教师跟小组热烈讨论设计方案时，会引起其他小组注意和围观，其他小组受激发因而产生慕强内驱力，小组之间形成正向循环竞争，层化反哺听障生的情意品质，使听障生能独立自主，且有责任心、自信心和创新精神。

四、 教学成果与实施路径

教学成果主要呈现在期末考核作业中，虽然字面是“期末”，实境教学时，在第一堂课，就已明确地跟学生详细讲解和展示期末考核的要求。期末作业伴随课程内容的开展而深入进行，从设计调研、痛点分析、头脑风暴、草图设计、确定方案、修改深化、方案排版、项目提案、汇报评价和返修等多个阶段，同步课程教学完成期末考核作业，所以期末考核以随堂考核的形式开展。期末作业采取专题项目设计进行考核，建议一组一题。主题分为两类选题，在其中二选一：一是完成一套校园公共空间的标识系统设计，可选图书馆、教学楼、办公楼等；二是完成一套城市公共空间的标识系统设计，可选景区、交通、医疗、商业体等。要求作品内容符合主题要求，体现风格特点，具有一定的应用价值和创新意识。作业选题是影响教学成果的重要因素。实境教学中，限于听障生的特点和课时局限，为降低调研难度和设计复杂度，综合考虑作业成果产出的优化比，建议听障生选择校园主题，从最终教学效果和评价来看，校园主题确实使得教学效果最大化。明确期末作业选题后，从四个部分开展实施路径，依次为调研背景、问题分析、需求分析和解决方案。（表 1）

表 1　教学成果与实施路径（作者绘制）

调研背景	问题分析	需求分析	解决方案
细分数据采集	揭示设计痛点	明确设计诉求	形成设计成果
1.文献采集 2.问卷调查 3.访谈记录	1.可视性问题 2.缺乏层级导览和标识 3.缺乏辅助信息 4.缺乏触觉和震动功能	1.增强可视化导视标识 2.提高可访问性设计 3.完善综合性设计	1.统一无障碍标识系统 2.无障碍导视和定位指引 3.安全和紧急情况应对 4.提高可视性和易读性 5.评估改进和项目落地

（一）背景调研——细分数据采集

1. 文献采集

小组同学调研了美国（Gallaudet University）加劳德特大学的 DeafSpace 听障空间项目①、日本无障碍设计项目和本校园的办公楼、图书馆、教学楼博远楼、博雅楼和博韵楼实况。重点借鉴光线与色彩的结论，以标识系统设计达到无障碍引导，打造听障“家”环境，以适应听障人群独有的生活方式。（图 2）

2. 问卷调查

针对听力障碍群体的问卷调查，有关听障学生在教学楼中遇到的问题，对标识系统设计的需求和建议等。问卷问题包括：博雅楼的标识系统设计现状问题有哪些？博雅楼教室和卫生间的标识系统设计修改建议等。（图 3）

图 2　标识系统设计文献采集

资料采集：冯博瑞小组

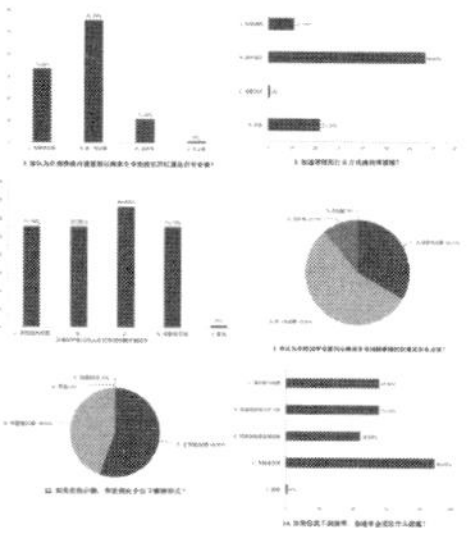

图 3　博雅楼标识系统设计问卷调查

问卷调研：彭安琪小组

① Hansel Bauman. Gallaudet University Deaf Space Design Guidelines（Unpublished），2010.

3. 访谈记录

小组团队寻找听障代表，开展面对面的访谈，深入了解他们的体验和意见。听障受访者表示，教学楼的标识系统缺乏明确的指示，难以理解标识的含义和指示方向。

（二）问题分析——明确设计痛点

通过数据采集和调研分析，探寻无障碍标识系统设计的问题，明确设计痛点。校园楼体空间复杂，标识系统设计问题明显，博雅楼最具代表性。博雅楼由三栋楼组成，其中有7个学院的办公室、实验室和教室等。博雅楼的标识系统设计问题主要表现在以下三点，第一，可视性问题：标识的大小、色彩、对比度、图形和字体的体量不够，位置不明显，难以辨认和识别。第二，缺乏层级导览图和明显的标识指示：包括总览图和每层楼的办公室、教室、厕所等标识信息，以及导览图所在的定位标识。第三，缺乏辅助信息：缺乏手语指示、箭头指示或图文提示信息等，无法满足听障群体的导视需求。

（三）需求分析——排序设计诉求

综合背景调研和问题分析，以及听障生的切身需求，排序无障碍标识系统设计诉求的优先级。首先，增强无障碍可视化标识：通过明确的可视化标识系统设计，帮助听障学生准确地找到他们去往的地点，比如教室、办公室、男卫生间（因女卫生间多，男卫生间少）和打水间等。其次，提高可访问性设计：避免听障群体不理解标识且寻路困难，提供可视和易于理解的替代信息，使用清晰的图形、字体和足够的色彩对比度，以便听障群体轻松理解标识。再次，完善综合性设计：增加地面标识和电子标识等，可以提高听障群体在空间中的导视和定位能力。

（四）解决方案——形成设计成果

基于设计诉求的优先排序，设计方案的筛选原则以“最大的痛点问题＋最急需解决的问题＋最经济可行的方案”为标准。小组团队成员拆分设计任

务，每人设计一部分，合作完成校园空间无障碍标识系统设计系列作品。（图 4）

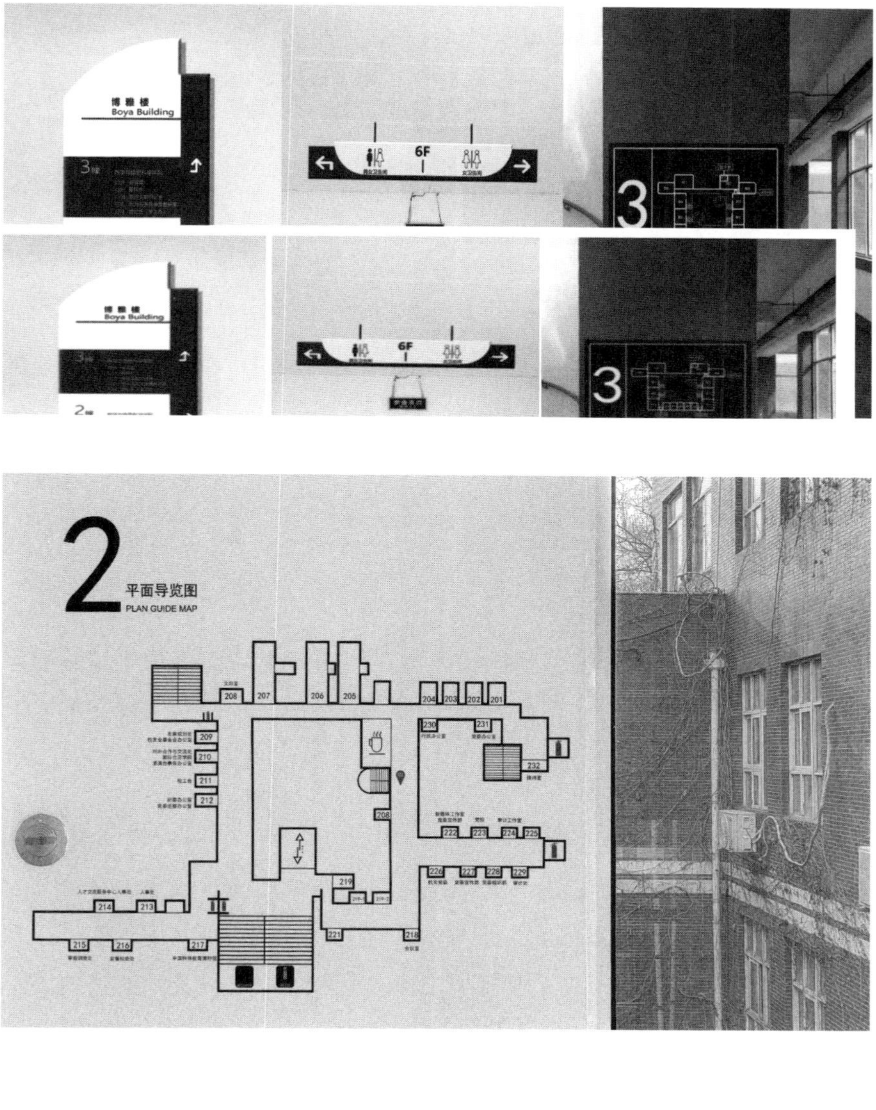

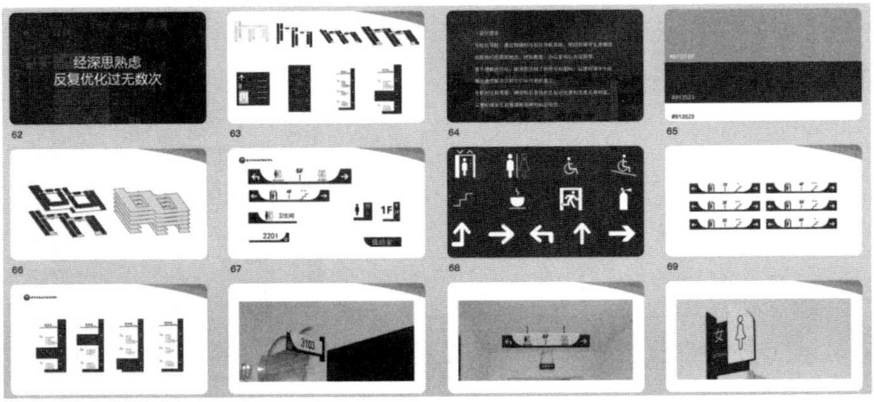

图 4　设计成果——校园空间标识系统设计

听障大学生设计者：彭安琪、王娜、张振绪、徐雨翔、杨世龙、卢志玮（博雅楼小组）；

冯博瑞、李子怡（博韵楼小组）；崔馨元、柳欣欣（办公楼小组）；

刘若琳、张琳（博远楼小组）

指导老师：孙敏娜

1. 统一无障碍标识系统

通过统一的版式、色彩、字体和图标，使图形无障碍标识系统设计，具有整体性、明确性、一致性和品牌性。

2. 无障碍导视和定位指引

提供清晰可见的导视指引，具体包括楼层导览牌、男女卫生间悬挂标识、女女卫生间悬挂标识、卫生间立牌、办公室和教室立牌，以便师生和听障群体，能轻松识别和远距离辨识。

3. 安全和紧急情况应对

在建筑空间主要通道和路口，设计明显的电梯、楼梯、楼层和消防指示悬挂标识，以及楼层平面疏散图等，提高校园的安全性和紧急情况应对能力。

4. 可视易读提高品牌性

无障碍标识系统设计，使用校园 Logo 的砖红色，不仅和校园形象保持统一，而且醒目的跳跃色增加了可视性。标牌中的字体使用无衬线黑体，字体清晰，字号较大。在高对比度的白色和砖红色的背景上，明亮的颜色、图标、指示箭头等视觉提示，通过可视易读提高品牌性。

5. 评估改进和项目落地

将无障碍标识系统设计作品交由学院和专家评估，根据反馈和需求，进行改进和调整，争取将听障生的作业落地转化成设计作品，有效地应用在校园空间中，提高教学成果的有效性和落地性。

五、 标识系统设计教学改革的新方向

（一）培养形态多样化，教学模式深入化

高等特殊教育学院需根据行业标准和岗位需求，邀请行业专家和企业主管，与学院专业教师，制定“订单式”人才培养方案。教学模式深度结合企业项目，加强标识系统设计实操。课程作业主题结合企业项目主题，师资团队联合企业项目主管，课程资源融入企业资源。根据项目周期和课程时间，预先组建项目设计团队、创新创业团队或社团，按照企业设计项目模式，深入开展设计流程。

（二）加强产学研一体化

加强学院与标识设计公司、制作单位以及行业协会的合作。关注协会主导的标识设计项目，积极参与行业展会和设计竞赛，组织学生到企业一线、施工现场、展会等“第二课堂”参观学习和校外实习，形成常态化行业交流新局面。对接企业经验丰富的设计师和主管，开展现代“学徒制”项目育人机制。在学院和企业共赢的基础上，签订战略合作协议，成立设计研究院或工作室，形成产学研的纽带，真正起到服务教学、服务社会和弥补实践短板的作用。将作品向产品转化的过程中，标识系统设计教改和课改，将在行业标准和岗位需求下，逐步构建学术研究、设计策划、生产加工和市场衔接的

创新模式①。

（三）教学成果考核评价行业标准化

行业标准化需要进一步在考核评价体系中凸显出来，在教学大纲中课程考核结构以及师生评价的基础上，构建立体考核评价标准。一是期末考核不仅要求汇报 PPT 和设计报告书，还要进一步转变为技术标书的内容和形式；二是将标识系统设计的静态视觉呈现向动态提案竞标的流程转变，包括标识系统动态设计和视频展现；三是从考试模板作业向标识实物订制打样、参加展览和行业交流的要求转变。

结　语

标识系统设计 L 课程教学，关注国内外最新趋势，契合听障生切身体验，聚焦无障碍标识系统设计，响应无障碍社会环境发展的需求。根据听障生学情，打通情意性到项目式教学思路的闭环，激发听障生内在情意品质，将其投入项目式学习中。教学思路全面践行素质教育目标，培养听障生的创新精神和实践能力。通过项目式教学，将作业-项目-服务，形成良性循环体系，引导听障生观察身边问题，培养其独立思考和团队协作能力。在项目式教学实施过程中，听障生从背景调研、问题分析、需求分析到解决问题，落实主题实践，圆满完成设计作品。回顾教学实践，听障生的专业技能和职业素养提升了，兴趣意志等情意品质增强了，教学拓展到全人教育，课程渐具高阶性。课程仍需根据社会、企业与行业对人才职业能力与素质的最新要求，深化教改和课改，加强产学研一体化和行业标准化，不断提高听障本科人才培养质量。

---

① 李大伟. 导视系统设计课程改革与实践［J］. 江苏教育，2019（12）：60.

中国传统文化融入听障儿童艺术教育的探究

陈 璇①

【摘要】 在听障儿童艺术教育研究与实践工作中，探索将中国传统文化融入其中，是当前一个重要又亟待关注的问题。面对听障儿童艺术教育中的沟通、资源、认知和个体差异等挑战，艺术教育可以帮助听障儿童更好地理解和感受传统文化，传统文化也可以为艺术教育提供丰富的素材和灵感，通过课程设计、师资培训、创新教学方法和营造学习环境等实践性策略，不仅有助于听障儿童更好地理解和传承中国传统文化，同时也为他们提供了更为丰富和有意义的学习体验。

【关键词】 听障儿童；艺术教育；中国传统文化

【基金项目】 本文系南京特殊教育师范学院教育教学改革研究项目（项目编号：2022XJJG019）；江苏省教育厅高校哲学社会科学研究项目（项目编号：2019SJA0554）；江苏省教育厅高校“青蓝工程”优秀青年骨干教师资助项目的阶段性研究成果。

中国传统文化蕴含着中华民族独特的文明智慧，将其融入听障儿童艺术

① 陈璇，南京特殊教育师范学院副教授，博士。研究方向：残疾人高等教育。

教育中可以丰富听障儿童艺术教育的内容，提升教学质量。在听障儿童艺术教育研究与实践过程中，如何融合中国传统文化是一个极其重要却尚待深入挖掘的视角。国务院2021年7月印发的《“十四五”残疾人保障和发展规划》指出“发展特殊艺术，鼓励残疾人参与文化艺术创作和非物质文化遗产传承，扶持残疾人题材图书等出版。扶持残疾人特殊艺术人才和师资培养”①。发挥中国传统文化在促进听障儿童全面发展中的独特作用，充分利用其中的审美资源来完善听障儿童的艺术启蒙教育，从而更好地满足听障儿童特殊的审美需求。通过深化中国传统文化在听障儿童艺术教育中的研究，可以为该群体提供更全面的艺术教育体验；同时推动传统文化的传承与发展，促进其在艺术领域的全面发展。

一、听障儿童艺术教育面临的挑战

（一）沟通障碍

听障儿童由于各种原因导致听觉困难，表现为听不到或听不清周围环境及言语声，从而影响言语、语言功能发展。② 这是听障儿童艺术教育面临的主要问题之一。听障儿童语言交流能力的减弱，直接影响他们理解和接受教师的指令、讲解以及信息的能力。教师面向听障儿童讲解的语言信息，必须简明扼要、语句短小、重复强化，这对教师的语言组织能力提出较高要求。同时，教师还需辅助使用手语、动作等非语言符号进行指导。听障儿童自身的语言表达能力也比较薄弱，很难用语言清晰地表达自己的意图、情感和体会。这既给教师理解听障儿童的实际需求带来困难，也不利于教师对学习效

① 中共中央办公厅国务院办公厅. 印发《国务院关于印发“十四五”残疾人保障和发展规划的通知》［EB/OL］. 2021-07-21. https：//www. gov. cn/zhengce/content/2021-07/21/content_5626391. htm.

② 洪梦迪，韩硕，曾艳，冀飞. 听障儿童医教结合的言语语言教育探析［J］. 中国听力语言康复科学杂志，2023，21（05）：529-531.

果的评价。这需要教师多与听障儿童互动，启发他们使用语言、肢体等多种方式表达自己。语言交流障碍阻碍了听障儿童之间的交流，不利于进行小组协作学习。这需要教师通过观察听障儿童的互动，辅助他们奠定沟通基础，用丰富直观的教学媒体作为“桥梁”，促进听障儿童之间艺术学科知识与体会的分享。

（二）教育资源不足

教育资源的匮乏是听障儿童艺术教育的普遍问题。专业化的听障儿童艺术教师较为匮乏。针对残疾儿童艺术教育的专门培训还不够普及，一线教师适应这一群体的理论与实践准备不足，很难针对听障儿童的特点有效地开展艺术启蒙教育。缺乏针对听障儿童特点的艺术教育课程、教材与教具。没有系统的课程体系指导，教师只能依赖经验统筹教学；没有考虑认知规则的教材，听障儿童学习效果难以保证；听障儿童大多只能通过视觉获取信息，获取信息方式单一，在将音频、视频等多模态听觉信息转换为文本的过程中，识别率、准确性、精确度和可理解性不够；① 没有辅助性教具，难以弥补听觉缺失对视知觉等感官发展的影响。艺术教育基础设施设备不配套，听障儿童学校的专门艺术教室不足，设备陈旧简陋。此外，无障碍设计理念落实不足，固定教学场所外的展演机会有限。环境条件的制约显著影响着艺术教育质量。辅助性医疗康复服务不完善。听障儿童往往需要在专业医疗机构接受定期康复训练，与艺术启蒙教育两者互为补充。我国这方面的资源有待进一步加强与整合。教育资源的明显不足制约着听障儿童艺术教育水平的整体提高。

（三）文化认知障碍

从文化认知障碍的角度看，听觉缺陷使听障儿童获取文化信息的渠道变得单一、局限。他们无法通过音频语言符号有效获取文化内涵，依赖视觉获

① 穆艳玲，李论．数字环境下听障生阅读：特征、挑战与应对策略［J］．残疾人研究，2023，（02）：43-47．

取的各类信息往往只能停留在表层。这难以形成对文化现象的立体理解，影响艺术启蒙的整体效果。听障儿童感知并理解艺术作品中的文化意蕴的能力相对薄弱。传统语言类艺术尤其如戏曲、诗歌等对他们的吸引力较低，且他们难以领会其中的文化寓意。听障儿童对文字理解水平偏低，主要沟通方式为手语，国家通用手语与地方通用手语又有所差别，所以导致他们理解能力较弱。[①] 这对拓宽他们的文化视野与培养审美情趣带来障碍。听障儿童参与传承传统文化的积极性易受影响。他们在获取传统艺术信息与交流体会的途径上存在障碍，这阻碍他们自发参与传统文艺活动中去。因此，需要通过视听结合的教学手段、实物教具、情景剧等多样化的教育途径来促进文化内涵的传达；并加强对传统艺术体裁的运用，以弥补文化认知的障碍对听障儿童审美教育的负面影响。

（四）个体差异与特殊需求

听障儿童在艺术教育中存在着独特的个体差异和特殊需求，这些差异需要在教学过程中得到细致入微的关注和解决。个体差异不仅涉及听力损失的程度，还包括学习风格、兴趣爱好和感知方式等多方面的因素，因此，老师需要采取差异化的教学策略，以确保每个听障儿童都能够得到全面而有效的教育。不同听障儿童对艺术形式的兴趣和接受度存在差异。一些儿童可能对视觉艺术更感兴趣，而另一些儿童可能对舞蹈或戏剧更有热情。不同听障儿童的听力损失程度和听力设备的使用状况也存在差异。一些听障儿童可能使用助听器或人工耳蜗，而另一些可能依赖手语或口形。这种差异需要老师制定灵活的教学策略，以适应不同的听力需求。此外，一些听障儿童可能伴随其他特殊需求，如认知障碍、运动障碍等。总之，个体差异与特殊需求是听障儿童艺术教育所面临的关键问题。通过差异化教学、综合考虑多方面的特殊需求、家庭合作以及提供全面支持，为听障儿童创造一个更为包容和有益

① 陈璇．翻转课堂在聋人艺术设计专业教学中的应用研究［J］．延边教育学院学报，2019，33（06）：68-69．

的艺术学习环境，让他们能够充分发挥潜力，享受艺术带来的乐趣。

二、 听障儿童艺术教育与中国传统文化传承发展的关系

（一）艺术教育促进听障儿童对中国传统文化的理解和感受

听障儿童艺术教育与中国传统文化传承发展之间的紧密联系体现在艺术教育的过程中。艺术作为一种全面的表达方式，超越了语言的限制，为听障儿童提供了更为开阔的认知视野。通过艺术，他们能够更好地理解和感受传统文化，因为艺术提供了一种直观的、非语言的传递方式。在舞蹈中，他们可以通过肢体语言感受传统舞蹈的韵律，通过触觉感知传统乐器的振动节奏，辅助理解音乐韵律。这种体验方式使得传统文化更为具体而深入地融入他们的生活。艺术教育的过程也成为传统文化传承的载体。通过在教学中融入传统文化元素，听障儿童能够在参与艺术活动的同时，不知不觉地学到传统文化的知识。在戏剧表演中，他们可以模仿传统故事中的角色，理解其中的价值观和人物形象。这样的学习方式使得传统文化的传承更为生动和具体，有助于激发听障儿童对传统文化的浓厚兴趣，使其在日常生活中自然而然地承载着传统文化的精髓。另一方面，艺术作为一种情感的表达方式，也为传统文化注入了更为深厚的内涵。通过参与艺术活动，听障儿童能够通过视觉观察与触觉互动，深入体验传统文化的情感表达。研究表明，将中国画作为心理疗愈的艺术媒介，以团队治疗整合与个别化设计方式帮助听障儿童进行情绪调适及人格建构。① 在绘画中，他们可以通过色彩和线条来表达对传统文化的情感体验。这种情感的表达方式不仅丰富了他们的内心世界，也使得传统文化在他们心中留下更为深刻的印记。

① 赵健．中国画之于听障大学生心理疗愈本土化研究 [J]．南京艺术学院学报（美术与设计），2022，(02)：179-183.

（二）中国传统文化为听障儿童艺术教育提供丰富素材和灵感

中国传统文化具有源远流长的文化底蕴，为听障儿童艺术教育提供了丰富的素材和灵感。中国传统文化中的故事、传说、传统艺术形式等都成为启发听障儿童创作的宝贵资源。在艺术教育中，通过深入挖掘传统文化的元素，老师可以为听障儿童提供更为丰富和多样化的学习内容。中国传统文化中的各种艺术形式，如传统舞蹈、传统音乐、传统绘画等，不仅为听障儿童提供了丰富的表现方式，同时也为他们的艺术创作提供了充分的灵感。例如，听障儿童可以在自己的舞蹈创作中融入传统舞蹈的元素，以独特的方式表达对传统文化的理解；传统乐器的振动节奏、舞蹈动作的韵律等为听障儿童提供了丰富的非听觉表现方式，水墨画、剪纸等视觉艺术形式则直接激发创作兴趣。这种融合不仅丰富了艺术教育的内容，也促使传统文化在新的语境中焕发出勃勃生机。中国传统文化中的精神内涵也为听障儿童的艺术创作提供了丰富的主题。故事中的英雄、传统价值观、历史事件等都成为启发创意的源泉。通过这些主题的引导，听障儿童可以在创作中表达对中国传统文化的理解和感悟，为传统文化注入新的时代内涵。此外，传统文化的深厚历史也为听障儿童提供了研究和探索的空间。通过图文结合的多媒体教材或手语故事演绎传统文学，辅以传统绘画的视觉解析，帮助听障儿童了解不同历史时期的文化特色，从而在自己的艺术创作中展现出对历史文化的独特解读。这样的学习过程既加深了对传统文化的认知，也培养了听障儿童对历史和文化的敏感性。

三、听障儿童开展中国传统文化艺术教育的实践策略

（一）制定切实可行的课程设置方案

为了更好地开展中国传统文化艺术教育，特别是面向听障儿童，我们需要制定切实可行的课程设置。分类设立传统艺术启蒙类课程。根据孩子们的

年龄段和认知特点，开设书法、国画、剪纸、民间手工艺等不同艺术门类的入门性质的课程。这些重视视觉体验和动手实践的艺术形式，有利于听障儿童兴趣培养。将一些简化过的传统艺术内容，融入绘画、音乐、美术设计等现有融合性艺术类课程中。例如，教授含有中国水墨元素的现代水彩画等活动，可以使一些传统文化元素潜移默化地影响学生。组织传统文化艺术主题活动，丰富课堂之外的第二课堂。如以中国传统节假日为契机，开展含有传统民俗特色的绘画、手工、饮食等体验活动；组织学生观摩中国古典艺术作品展，进行赏析式学习等。合理采用传统艺术形式的网络虚拟教学软件或多媒体课件，辅助面授教学。这可以帮助听障学生更直观地感知传统艺术魅力。

（二）建设专业化师资队伍

从培养师资策略来看，在艺术教育相关专业的高等院校增设传统文化与特殊教育方向的专门课程，针对性培养涵盖传统艺术与残疾儿童教育的复合型人才。同时，向在职教师继续教育中也渗透这类内容。采取导师制培训模式，聘请艺术教育专家定期为特殊教育学校的一线教师提供中国传统艺术研习和专业性指导。通过工作坊等形式，推动理论与实践经验的传递，切实提高教师的应用能力。建立特殊教育学校与艺术院校之间的师资互派和交流合作机制。艺术院校的教师可短期走入特殊教育学校指导开展传统艺术教学活动，特教院校教师定期到艺术院校学习传统艺术理论与技能，形成相互促进的师资协同机制。鼓励艺术教育专业的研究生及博士生以听障儿童为研究对象，探索适合其教学规律的中国传统艺术教育内容和方法，充实理论研究成果，这些也可转化为教学资源供教师使用。

（三）应用直观生动的教学手段

在开展中国传统文化艺术教育时，特别是针对听障儿童，选择适当的教育方法至关重要。考虑到听障儿童的特殊需求，多感官教学法是一种非常有效的策略。通过强调视觉、触觉和其他感官的参与，可以更全面地传达中国传统文化的信息。例如，在学习传统音乐时，可以通过使用视觉图像展示乐器和音符的形状，同时利用触觉感受乐器的振动，使得音乐更具有实际体验感。采用创意教学方法，鼓励学生参与艺术创作，是培养听障儿童对传统文化兴趣的有效手段。通过刺激他们的创造力，例如让他们设计自己的传统艺术品，激发他们对传统文化的独立思考和深入了解。还可将戏曲转化为视觉化肢体戏剧，例如，通过夸张的面部彩绘、程式化动作模仿，结合振动装置感知伴奏节奏，实现“无声戏曲”的创造性演绎。现代技术提供了丰富的教学工具，可帮助听障儿童更好地理解和学习传统文化。使用字幕、图像、视频和虚拟现实等技术手段，可以使传统文化的教学更加直观和生动。同时，利用辅助工具如助听器、振动设备等，有助于提高他们在音乐和舞蹈等方面的参与度。

（四）创造富有个性化和包容性的艺术教育环境

制订个性化的教育计划是关键的实践策略。由于听障儿童个体差异较大，需要教育者根据每个学生的能力、兴趣和发展水平设计定制教学方案。通过灵活的个性化教育计划，可以更好地满足听障儿童的学习需求，使其在传统文化艺术教育中获得更好的体验。建立一个沟通友好的学习环境对听障儿童的艺术教育至关重要。教师可以通过提供清晰的视觉指示、利用手语和口形，以及鼓励学生互动来创造良好的沟通氛围。同时，保持教室内的良好声学环境，有助于提高学生对传统文化音乐的感知。采用跨学科的教学方法，将中国传统文化与其他学科相结合，可以更好地丰富教学内容。例如，结合历史学、文学、社会学等相关学科，使听障儿童在学习传统文化时能够更全面地理解其背后的历史、社会和文化背景。

四、小结

在听障儿童艺术教育研究与实践中，中国传统文化的融入是一个非常重要而值得探索的视角。听障儿童在艺术学习上面临沟通、资源、认知和个体差异等多重挑战，而听障儿童艺术教育与中国传统文化传承发展之间存在着紧密的联系。艺术教育可以帮助听障儿童更好地理解和感受中国传统文化，从而更好地传承和发扬中国传统文化。同时，传统文化也可以为艺术教育提供丰富的素材和灵感，推动艺术教育的创新发展。通过专门的课程设置、师资培养、教学方法创新和学习环境创造等实践性策略将传统文化艺术融入听障儿童艺术教育实践之中，在促进传统文化传承的同时，促进听障儿童的全面发展。由此可见，中国传统文化对听障儿童艺术教育发展具有重要的指导意义和实践价值。

师范认证背景下特殊教具设计的教学实践研究

陆艳艳①

【摘要】 针对特殊教育对象学情复杂，教学具匮乏的现实困境，本文以辅助性教具设计项目为案例，对构建第二课堂合作式项目教学模式展开探究，在教学过程中贯彻美术师范类专业认证理念，确定教学目标，重构课程内容体系和评价体系，旨在为美术教育课程中贯彻师范类专业认证理念提供新的思路，培养更多具有扎实专业知识和过硬师范技能的高素质师范人才。

【关键词】 特殊教育；教具设计；师范认证

教育部于2017年出台《普通高等学校师范类专业认证实施办法》，引入欧美OBE（Outcome-based Education）理念，旨在分级分类开展师范类专业认证，规范并引导师范类专业建设，建立健全教师教育质量保障体系，不断提升师范类专业人才培养质量。在此专业认证的大背景下，如何在教学体系和课程设置上贯彻“学生中心、产出导向、持续改进”的认证理念，成为当下师范专业教学改革面临的关键问题。根据《教育部关于实施卓越教师培养计划2.0的意见》，大力促进实践教学与理论教学深度融合，构建贯穿培养全

① 陆艳艳，南京特殊教育师范学院美术与设计学院副教授。

程的实践教学体系，着力提高实践教学质量，是教学改革的核心路径。目前，众多专业在人才培养方案的专业目标制订、课程体系设置等方面已经进行了系统探讨，但这些研究成果具体落实到专业教学实施实践中的较少。① 本文以“特殊教具设计”开放实验项目为例，探讨第一课堂的教学延伸和拓展。开放实验项目作为课程培养计划之外的综合性教育活动，目的不仅是进行实验性探索，推动传统教学具的转型与发展；同时也期望通过完成特殊教育所需的教具设计与制作，来培养与提高学生从事特殊教育工作的专业能力和师范素质。通过研究第二课堂项目合作式教学模式，在课程教学中贯彻师范类专业认证理念，笔者总结了近一年的实践经验，以期抛砖引玉，为教学改革提供借鉴。

一、 基于师范类专业认证理念下的教学实践

通过文献查阅和市场调研，虽然目前有一些针对视障和听障儿童最基础的学习玩具，比如盲文数字牌、盲用积木、认知卡片等，但总体而言，市面上服务于特殊儿童教学训练的教学具相当匮乏，数量和品类都极其有限，部分自制类玩教具在科学性和系统性等方面也存在着不少弊端和局限。② 为了突出特殊教育特色，强调学用结合的应用性和实践性，为培养特殊教育教师职业素质和基本教育技能而设置的开放实验项目——《特殊教具设计》，目标着眼于研制可行的辅助性玩教具，帮助特殊儿童完成五感、认知、情感、运动等各项内在潜能的早期干预与开发，为特殊儿童提供人文关怀服务。

---

① 张云霞．师范类专业认证背景下教师教育类课程实践教学改革的路径探索［J］．湖北开放职业学院学报，2020（1）：3.

② 胡新明，徐伶俐，陈红情．学龄前视障儿童盲文入门训练玩教具系统设计［J］．山东工艺美术学院学报，2023（2）：11-17.

（一）建设目标

在教学具设计与制作过程中，强化学生的创新性、创业性、应用型的教学具设计实践能力以及团队协作能力，提倡多元表达形式，在教学具艺术表现的风格与方法上进行实验性探索，推动传统教学具转型与发展。

表 1 “特殊教具设计”对应支撑的美术学（师范）人才培养目标

教学分目标	目标 1	了解教学具的概念、意义和价值，以及教学具的种类和制作，了解教学具的构思方法，认识教学具在教育中的重要意义。
	目标 2	通过实践训练，掌握教学具制作的实际操作技能，能够较熟练地运用基本手工工具和简单材料进行教学具制作，初步具备利用不同材料进行创新与实践的能力。
	目标 3	进一步加深对教学具制作的认识，能够独立完成特殊教育所需的教具设计与制作，培养与提高自身从事特殊教育工作的素质和能力。
	目标 4	在教学具制作项目中，开展主题性教学具欣赏和制作，使学生能够深刻理解并自觉践行特殊教育专业相关行业的职业精神和职业规范，增强职业责任感，培养遵纪守法、爱岗敬业、开拓创新的职业品格和行为习惯，能够将中华文化特色的教育教学元素融入特殊教育与教学具制作中。

（二）实验内容

遵循《中小学教师教育技术能力标准（试行）》等文件精神，项目执行过程中将教学目标体现在各个环节，并细化为具体任务。在安排学习任务、组织教学活动时，适当引入混合式教学模式的经验，在项目进行过程中，以目标达成度为导向，开展头脑风暴、案例分析、合作探究、任务驱动、小组合作竞争等学习活动并及时反馈评价，强化学习动机，提升学习参与度，培养学生的自主探究能力。本课程每学期开设 12 学时，每周组织一次反馈分享活动，5～6 周时间内完成实验任务。

（三）“学生中心”的理念

本项目开设对象是全校师范生，不同学科背景的学生在文化素养和动手能力方面存在很多差异。因此，在正式启动项目前，自报名截止起立即组建线上学习小组，通过自我介绍、活动安排、成功案例分享等一系列举措展开破冰行动，营造积极协作的学习氛围，让学生产生团队归属感和授课教师认同感。通过早期调查，初步了解学习者的特征，教师能够全面了解学生报名本项目的学习动机、态度、知识储备、学习风格等信息，以便提供个性化指导。在团队合作的学习过程中，教师应结合观察记录，进一步判断学生特征，为优化教学设计方案提供支撑。在学习过程中，教师需要提供一定的教学资源，如创新方向指导、学习资源、作品评价标准等，引导学生走出校园、联系专家、按需学习、进行作品评价与展示。针对部分学生可能存在的技术障碍和畏难情绪，建议采用小组导师制。教师充分扮演好学生在创新创作道路上的领路人角色，以此起到显著的正向强化作用。

表 2　“特殊教具设计”项目开展的三个阶段和任务安排

兴趣启发阶段	教师	组建线上学习群、调查学生情况、案例启发
	学生	了解课程框架和学习安排，形成学习期望，激发学习动机
能力提升阶段	教师	开展头脑风暴行动，组织线上线下活动
	学生	组建团队和成员，确定项目设计主题
实践锻炼阶段	教师	为不同的设计方案准备素材，及时答疑解惑
	学生	设计和制作教具作品，全面提升自己的动手实践能力和创新创业能力，同时还能增强团队合作意识

（四）评价体系

科学合理的考核评价方式是激励大学生创新创业活动可持续发展的重要保障，尤其是新的专业认证理念对师范类课程教学质量评价提出了更高的要求。“学生中心、产出导向、持续改进”强调的是对师范类专业教学进行全方位、全过程评价，并将评价结果应用于教学改进。在开放实验项目的学习过程中，学生的评价内容由单纯注重技能延伸到特殊教育理论＋设计＋制作＋实践应用的全面综合，项目合作式教学评价不仅要关注学生所学知识的过程性和终结性评价，还要充分关注学习成果的评价。因此，在“特殊教具设计”的考核中，平时成绩和作品考核分别占比为60%和40%，平时成绩主要考量在组建团队、作品设计、汇报交流与展示过程中的表现能力、合作能力和沟通能力，评价主体由教师独评到教师、学生、行业专家共同参与的多维评价模式，进一步体现评价的多元性及公平性，充分展现多层次、差异化的教学评价体系。

二、师范类专业认证背景下第二课堂的教学思考

(一) 课堂内外的融合

美术学（师范）遵循本专业自身特性，应该突出实践创新能力，在实验（实训）项目和内容的选择上，重视学生专业综合能力的训练与实践。目前的课堂教学也多是围绕培养方案和教学大纲展开，每门实践课程设置若干个实践项目，学生在教师的指导下按部就班地完成。以教师为主导的课程体系容易让学生产生较强的依赖性，弱化了他们的问题意识和反思能力；其次，这样的教学以教为主，注重知识传授和操作技能训练，但无疑不利于学生创新实践能力的培养，忽视了个性化发展。① 由此产生了一系列问题，比如教师在传统教学中常会遇到以下情况：一是学生产生一些创新想法，但因为教学安排和学时所限，不能在课堂内进行充分验证，需要利用课余时间进行探索；二是很多学生在进入大学之前缺乏相关的专业实践训练，对特殊教育对象的认知不足，这也制约了课堂的教学质量。在师范类专业认证的总体要求下，美术学（师范）专业课程要实现师范属性和学科知识的融合，应该尽可能利用课程教学内容和一切实践机会来提升学生的教学技能。在开放实验项目的实施过程中，教师应以学生的学习结果为导向反向设计教学，在教学模式上突出学生的主体性，在实践活动中加强互动，调动学生的主观能动性，加强

---

① 李新宇，陈艳君，颜雅茜．“师范类专业认证”背景下教学技能实训课程支撑平台探索与实践［J］．中国教育信息化，2021（20）：80-83.

学生之间的有效交往，让教学目标和教学活动设置尽可能匹配学生的接受程度和兴趣点，让教学在动态发展中持续改进，最终打通理论与实践、课内与课外，融合创新精神与综合素质，从而构建知行合一的教学模式，赋予学生足够的实践机会与发展空间。

（二）项目成果的持续转化

作为一名报名参加开放实验实训项目的学生，他会经历以下这一系列过程：组建团队—确定方向—调查相关资料—制作教具—产品展示—反馈和改进。每个阶段需充分利用课余时间，在主动去寻找问题、解决问题的过程中，学生不仅能学会合理安排利用时间，而且个人的科研、实践和创新等能力都会随着日积月累的自律学习而逐渐强化。

1. 培养科研能力

毕业论文是检查毕业生学习质量和业务水平的一种载体，能够切实地将学生四年所学的各项专业知识转化为系统解决实际性课题或项目的综合性能力，为了进一步贯彻落实 OBE 育人理念，师范院校越来越注重本科生在教育科研能力方面的培养，帮助提高学生分析、解决本专业实际问题并获得进行初步科学研究的能力。在大四正式撰写毕业论文前，通过这些开放实验项目等课外小组活动，学生可以提前接触到科研工作，了解科研背景，学会利用网络、图书馆、调研等一切资料来源，熟悉调研报告、项目申请、科研论文等书面材料的格式，在参与调查报告写作、项目操作实践、课题研究等活动中进一步增强科研意识，提高自身的科研能力，也对未来毕业论文的科研方向有着更清晰的认知。

2. 坚定育人信念

2021 年，教育部发布《特殊教育专业师范生教师职业能力标准（试行）》，其中提到："领会特殊教育对学生发展的价值和意义，认同特殊教育教师工作的意义和专业性、独特性、复杂性，具有人道主义精神、正确的价值观和残疾人观、特殊儿童发展观和教育观，认同促进学生全面而有个性地发展的理念。”作为特殊教育师范学院的学生，仅仅了解美术学和教育学相关的知识是远远不够的，还应该了解特殊教育的跨学科性质和相关服务领域，探索拟任教学科与其他学科、社会生活的联系，完成不同学科领域知识的整合，才能契合未来融合教育的发展方向。通过项目实践，学生会主动去了解特殊教育的背景知识，例如，特殊儿童目前主要分为听障、视障、肢体障碍、智力障碍及孤独症等类型。教具的设计和制作应尊重不同学生的身体状况、性格特点及学习能力，遵循适宜性原则，不断探索新的教具制作方法，为提高特殊教育质量奠定坚实的基础。① 通过第二课堂浸润式的影响，通过合作式项目实操的模式，潜移默化地优化学生的价值观，促使其将职业思考转化为自觉的职业价值观和人生观，深化教育情怀和个人职业价值，树立坚定的育人信念。

3. 成果转化途径

学院近年来不断从政策、经费等方面支持和鼓励师生积极参与各类科技活动和创新创业比赛。项目结束后，小组及个人需对标教学目标，以“产出导向”进行学习反思：教具作品是否满足特殊教育人群所需？后续如何改进？以期实现“持续改进”。以实验作品为基础，组织项目成员积极申请大学生创新创业课题，参加“互联网＋”“三创杯”“挑战杯”等创新创业类比赛。同时，教师也会指导学生围绕相关主题撰写商业计划书、课题申请书、调研报告、研究论文等，并将其中的优秀论文通过规定途径投送到相关期刊发表。对于美术学（师范）专业来说，第二课堂是第一课堂的补充和延续，第二课堂的实践教学活动与已有的实践课程共同构成完整的有机整体，通过不同的项目合作和深入探索，达到“以赛促学”的效果，可以逐步实现师范生综合技能和人格教育的融合。

---

① 刘兴奇，杨金国，姜海鹰．普通师范生特殊教育能力培养的实践与思考［J］．文教资料，2011（1）：3．

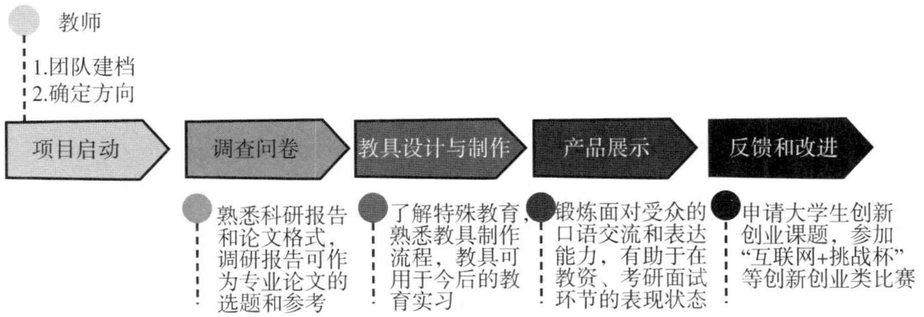

图 1　开放实验项目流程和成果转化途径

2019 年，国务院在印发的《中国教育现代化 2035》文件中将“提升一流人才培养与创新能力”作为十大战略任务之一，为我国高等教育的改革发展指明了方向。习近平总书记也指出要重视和加强第二课堂建设，重视以文化人和实践育人。推进高校第二课堂建设，是构建“三全育人”工作新格局、落实立德树人根本任务的重要一环，也是深化高等教育改革、推动基层共青团改革的内在要求，对促进新时代学校思想政治理论课改革创新、培养德智体美劳全面发展的社会主义建设者和接班人具有重要意义。作为传统课堂教学的有效补充和延伸，第二课堂已成为推进大学生创新创业教育的重要阵地，受到国内各大高校的普遍重视。本文以“特殊教具设计”项目为案例，证明第二课堂的实践活动可以有效训练学生的基本技能，切实提升他们的综合素质，在优化学生知识结构、培育创新意识、提高创业能力等方面具备独特的优势。尤其是在当今高校人才培养方案中，教学计划基本处于“饱和状态”，在此背景下，科学合理地规划第二课堂教学活动是高校培养创新创业人才的一条切实可行之路。

从病迹学角度探究徐渭大写意绘画中的情感状态

梁　燕①

【摘要】 徐渭是不世出的天才，天才与疯子往往只有一线之隔。病迹学研究的是天才人物的创作天分与精神疾病之间的关系。徐渭的大写意绘画，纵横捭阖，狂躁沉郁，这种风格的形成与他的人生经历以及因此形成的病态性格紧密相关。徐渭在横涂竖抹中宣泄着内心的块垒，治愈着心理的创伤。

【关键词】 病迹学；精神病理；徐渭；大写意绘画

一、 病迹学概述

病迹学（pathorgaphy）是“一门对杰出的历史人物，从其精神状态方面，用精神医学的传记方式进行系统研究的学科”。② 病迹学一词源于希腊语 pathos（病）和 graphein（书写、记录），直译为病情记录。最早采用“病迹”一词的是德国的 P. 默比乌斯（1853—1907），但对这个词最权威的解释是德国哲学家、精神病专家卡尔·雅斯贝斯（1883—1969）：“所谓病迹，就

① 梁燕，南京特殊教育师范学院美术与设计学院副教授。
② 舒伟杰、王祖承、宫本尚哉、浅井邦彦、浅井利勇《病迹学》，《国外医学精神病学分册》，1966 年第 4 期，第 193 页。

是某杰出人物的异常性格特征或引起精神病理学者兴趣的精神活动过程的一个侧面，以及它对作家一生及作品影响的轨迹的表现形态。（《精神病理学总论》）对病迹学最早展开研究的主要是欧美等国。1621 年，英国心理学家罗伯特·伯顿的《忧郁的解剖》是关于病迹学的首部系统性著作。尤其是 20 世纪以后弗洛伊德精神分析理论出现以后，病迹学也得到进一步的发展。此后，日本的病迹学研究也开始流行。日本学者对于病迹学的解释是“病迹学是对那些创造出天才业绩的杰出人士，用精神医学的方法研究与阐明，并找出他的人品、生涯与其天才业绩之间是否有某种联系，探索他们的异常人格（包括精神疾病）是如何发展他们那种罕见的创造才能的”（梶谷哲男，1988）。①

病迹学在中国出现较晚，包括“病迹学”这一说法，亦译自日文。虽然中国对病迹学的研究较少，但从我们熟悉的“文如其人”“画如其人”等说法来看，中国传统的文艺批评理论中，已经或多或少地涉及“病迹学”的相关理念，只是我们没有专门从精神疾病方面去分析一些特殊人物的创作及成就。从这一方面看来，徐渭是一个值得研究的案例。他在艺术创作上所达到的成就，尤其是大写意绘画中所表现出来的狂肆，与传统中国文人画所追求的“中正平和”大相径庭。这种风格的形成，是徐渭的狂怪精神状态的反映，也与他坎坷的人生经历密不可分。

二、 徐渭到底有没有精神病

1. 徐渭的“心疾”

徐渭在四十岁时在给胡宗宪的《奉答少保公书》中曾直言自己“夙有心疾”。他说：“……渭犬马贱生，夙有心疾，近者内外交攻，势益转剧。心自

① 舒伟杰、王祖承、宫本尚哉、浅井邦彦、浅井利勇《病迹学》，《国外医学精神病学分册》，1966 年第 4 期，第 193 页。

揣量，理不久长，若欲疗之，又非药石所能遽去。每欲入山静养百日，以验其可活与否，辄未遂愿，以命延挨，言之痛心。前日禀辞明公，疾已发作，道远天暑，抵家增益。今者伏奉使书，其人亲见渭蓬跣不支，亲友入视，送迎之礼全废。”① 从内容可以看出徐渭对自己的心理疾病是有清晰的认识的，甚至因为当时的境遇而愈加严重，到了“蓬跣不支”“送迎之礼全废”的程度。这是徐渭婉拒胡宗宪邀请的一封信，内中所言也许是托词，但“夙有心疾”应该也并非无中生有，徐渭对自己的心理状态是有一定认知的。

2. 自残杀妻

四十五岁时，徐渭的疾病变得益加严重，用钉子钉入耳朵；四十六岁时疾病发作杀了其妻张氏，并因此入狱。对于这些疾病发作的情况，徐渭在自己的诗文中曾有过详细描写：“予有激于时事，病瘛甚，若有鬼神凭之者。走拔壁柱钉可三寸许，贯左耳窍中，颠于地，撞钉没耳窍，而不知痛，逾数旬，疮血迸射，日数合，无三日不至者，越再月以斗计，人作虮虱形，气断不属，遍国中医不效。有人言华氏工者，客游多传海上方，试令治之，幸而愈。……”② 文中描写了徐渭疾病发作时精神错乱、以钉耳自残的行为，后来幸遇华氏游医方得治愈的经过。

在《喜马君世培至》中描写过他精神疾病发作时的情形：

> 仲夏天气热，戒装远行游。访我未及门，遇子桥东头。
>
> 时我病始作，狂走无时休。吾子一见之，握手相绸缪。
>
> 却云始作病，未可药饵投。欲以好言语，令我奇痾瘳。
>
> 从此一为别，归来岁将周。死则长已矣，生如为君留。③

从这些文字记载看，徐渭对自己的精神问题是有着清晰的认知的。

---

① 徐渭《徐渭集》第二册，中华书局，1983 年，第 459 页。
② 徐渭《徐渭集》第二册，中华书局，1983 年，第 555 页。
③ 徐渭《徐渭集》第一册，中华书局，1983 年，第 73-74 页。

三、 徐渭心理疾病的成因分析

明袁宏道《徐文长传》中，以数语道尽徐渭生平之坎坷困苦："先生数奇不已，遂为狂疾。狂疾不已，遂为囹圄。古今文人牢骚困苦，未有若先生者也。"① 生平遭际实堪伤，这或许是徐渭精神疾病问题的由来。

1. 幼年失孤对心理的影响

徐渭童年的不幸经历是他精神疾病的起因。他成年之后的种种乖僻行为、不能与人长久友好地相处，与几任妻子的种种矛盾冲突的表现，以至自残、杀妻等，可以说都是基于幼年的痛苦经历。

徐渭出身于浙江绍兴的一个名门望族，但他出生仅一百天父亲徐鏓即去世。徐渭是其第三个孩子，徐鏓的长子、次子是其第一任妻子所生，与徐渭年龄相差很大。徐渭的生母是父亲第二任妻子苗氏的婢女，地位低下，徐渭无法与生母一起生活，而是在嫡母苗氏的抚养下长大。在徐渭十岁时，因家境衰落，徐渭生母被卖。从这段童年悲惨经历来看，婴儿期丧父，成长过程中没有健康的父子关系。生母地位尴尬，徐渭对于嫡母苗氏的慈爱与养育之情心存感激，但生母被卖的事实也使徐渭对嫡母的感情是充满矛盾的。而且，十四岁时，苗氏去世，只留徐渭一人面对这飘零的人世。亲人的离世对徐渭的心理应该是有很大的影响的。生母、嫡母的相继离去使他持续面临引起强烈焦虑的分离体验，这对徐渭的人格形成、情感发展的负面影响是不言而喻的。这种无能为力的早期经验使得他更加容易陷入焦虑和恐惧情绪。徐渭在中年时，遭遇胡宗宪入狱致死所导致的焦虑与恐惧，以致发狂杀妻，应是儿童期便已埋下的阴影。②

① 黄进，王永辉著《书者散也·中国历代书法家评传》，2022 年，第 270 页。

② 郭晓飞《颠沛的命运与不羁的灵魂——徐渭心理论》，光明日报出版社，2011 年，第 20 页。

徐渭幼年生活的创伤对其心理的影响可以从以下两个方面来分析：

第一，心理不安全感。

根据马斯洛的需求层次理论，安全需求是满足生理需求之后的人类基础需求之一，与生理需求同属“缺失性需求”。在马斯洛提出的心理健康十大标准中，把是否具有“充分的安全感”看作非常重要的标准。徐渭因父亲早逝，两位母亲对他爱的争夺，在徐渭最需要可依赖的人照顾的情况下不能获得有效的照顾，所以，他的心理上容易缺乏安全感。而这种不安全感又导致他的焦虑性格。弗洛伊德曾将焦虑分为三种类型，现实焦虑（或客观焦虑）就是其中一种重要类型，这是在觉察到真实世界中的危险时所做出的反应。在这种焦虑形式中，人能够意识到使他们产生焦虑反应的危险情境。徐渭由于一次次地遭受现实生活中的挫折，可以说他是一次次地遭受着现实焦虑。

第二，聪慧而敏感多疑的个性。

徐渭特别聪慧早熟，据他自己记载，四岁时即能迎来送往，十岁即能作文。而当众多不幸发生在敏感又聪慧的徐渭身上时，更加深了他人生的不幸。甚至可以说，徐渭的悲剧命运有很大一部分原因是他过人的聪敏。叔本华提出：“一个人对于痛苦的印象具有的感受性愈为强烈，他对于快乐的感受性就相对低弱。反之亦然。”①

我们认为，徐渭敏感的性格导致了他的多疑以及过强的自尊心。而这种多疑与自尊过度其实是一种明显的人格缺陷，以致徐渭在遇到平常问题的时候反应过度激烈。比如在嘉靖十九年（1540）徐渭曾在《上提学副使张公书》中以“骨肉煎逼，萁豆相燃，日夜旋顾，惟身与影”这样的字句描写他与兄长之间的紧张关系。其实，通过查阅相关史料得知，虽然两位兄长因年龄相差太多，与徐渭的关系没有十分密切，但并没有明显迹象显示两位兄长有欺负、虐待徐渭的情况，更到不了“骨肉煎逼”的境地。这应该是因为徐渭过

① 叔本华著，林康成译《处世智慧》，哈尔滨出版社，2002年，第43页。

分敏感导致的，他不自觉地夸大了自己的悲惨境遇。中年以后，徐渭在胡宗宪幕中时往往因为些许小事就伤害他人——“或以睚眦中伤人”，说明徐渭在正常人际交往方面存在障碍，难以与人平等友善地相处。而徐渭对于自己的人格方面的问题也颇能自知。他在《亡妻潘墓志铭》中称赞自己的妻子潘氏的同时，也指出自己的人格问题，说潘氏“与渭言，必择而后发，恐渭猜，蹈所讳。”可见徐渭自己也意识到年轻时就已多疑善谤，人格方面有明显缺陷。

在徐渭的童年经历中，我们可以看到两点：一是就徐渭的童年生活经历而言，他遭遇了诸多不幸，这么多的不幸使徐渭的人格更易有缺陷，而他在后来的生活中遭遇的妻子病逝、兄长早逝、老屋被霸占、屡次不第等一系列不幸遭遇，更使得他变得特别容易焦虑、悲观、敏感，继而导致对他人、社会的不满，以致后来一系列杀妻、自戕等悲剧的发生。二是徐渭晚年《畸谱》中记载过他记忆中的生平事件，多为负面的，而他在如此晚年之时对这些事仍历历在心，说明他难以摆脱这些负面事件的影响，这也是他阴郁个性形成的原因。

2. 疾病渐发以及凄凉晚景

根据袁宏道《徐文长传》的记载，徐渭初任胡宗宪幕僚时的情形应是春风得意的：“文长每见，则葛衣乌巾，纵谈天下事，胡公大喜。是时公督数边兵，威镇东南，介胄之士，膝语蛇行，不敢举头，而文长以部下一诸生傲之……”，且以其文采斐然，胡所有的文书皆由徐渭来写。问题是，这些官场文书并不能发挥徐渭的天纵狂才，尤其是其中的阿谀谄媚之语更让他饱受心理折磨。他曾自哀“渭于文不幸若马耕耳，而处于不显不隐之间，故人得而代之，在渭亦不能避其代”（《抄代集小序》），这种长期的心理折磨也许是他狂病发作的原因，正如徐朔方先生所指出的：“为此引起的内心矛盾应是他精神分裂症的原因。”①

① 徐朔方《徐渭年谱》，收录于《晚明曲家年谱》第二册，浙江古籍出版社，1993年，第35页。

叔本华说，“异常的敏感会产生不平衡的心绪，一种过分的抑郁，而不时爆发为不可压抑的意气扬扬。天才就是神经作用或敏感性过分的人”。① 徐渭在胡宗宪幕府上时，因深受倚重，不免恃宠傲物甚至到了无所顾忌的程度，而胡宗宪对之宽容至极，甚至到了放纵的地步。根据袁宏道的记载，徐渭某次在楼上饮酒，看到有士兵在楼下饮酒不肯付钱，便告诉胡宗宪，胡因此而严厉处罚了这些士兵。而徐渭总是对他看不惯的人横加指责，毫不客气，因此遭到他人忌恨。而此时的徐渭还“心眼小”“睚眦必报”，据冯梦龙的《情史类略》：“渭常出游，杭州某寺僧徒不礼焉，衔之。夜宿妓家，窃其睡鞋一只，袖之入幕，诡言于少保，得之某寺僧房。少保怒不复详，执其寺僧二三辈，斩之辕门。”② 虽是一则野史，也能从中看出徐渭依靠胡宗宪的宠信，做出不少过分之事来。

胡宗宪入狱后，徐渭因害怕受牵连，心理疾病逐渐发作。根据袁宏道的记载：“卒以疑杀其继室，下狱论死。张太史元汴力解，乃得出。晚年愤益深，佯狂益甚，显者至门，或拒不纳。时携钱至酒肆，呼下隶与饮。或自持斧击破其头，血流被面，头骨皆折，揉之有声。或以利锥锥其两耳，深入寸余，竟不得死。……然文长竟以不得志于时，抱愤而卒。”③ 这一段文字不长，读来却令人感到字字锥心。徐渭狂病发作时，以种种不可思议之手段自残。甚至出现幻听、幻视等心理疾病，比如他杀死妻子只因他出现妻子与人私通的幻觉。或者，有人认为是因为徐渭猜疑、嫉妒的变态心理所致。如《情史类略》载：“渭为人猜而妒。妻死后再娶，辄以嫌弃。续又娶小妇，有殊色。一日，渭方自外归，忽户内欢笑作声，隔窗斜视，见一俊僧，年可二十余，拥其妇于膝，相抱而坐。渭怒，往取刀杖，趋至欲击之，已不见矣。问妇，妇不知也。后旬日，复自外归，见前少年僧与妇并枕昼卧于床。渭不

① 叔本华著，林康成译《处世智慧》，哈尔滨出版社，2002 年，第 44 页。
② 中华典藏网：zhonghuadiancang/wenxueyishu/qingshi/om.
③ 徐渭《徐渭集》第四册，中华书局，1983 年，第 1342 页。

胜愤怒，声如吼虎，便取灯檠刺之，中妇顶门而死，遂坐法系狱。后有援者获免。”①

徐渭的晚年居无定所，生活清贫，偶以书画换取粮米，甚至变卖光所有的家产。徐渭自己曾有诗曰：“身世如同泊海舟，关门累月不梳头。东篱蝴蝶闲来往，看写黄花过一秋。”② 晚年的徐渭不见人不迎客，“关门累月不梳头”，最后在贫病交加中去世。

四、 绘画是徐渭内心创伤的宣泄

徐渭一生遭受的种种挫折在他心灵上留下的莫大痛苦，在他的大写意绘画中表现了出来，宣泄了出来。袁宏道《徐文长传》中有一句话，说明他看出了徐渭书画中所表现的胸中蟠郁：“后适越，见人家单幅上有署田水月者，强心铁骨，与夫一种磊块不平之气，字画中宛宛可见。”③

出狱之后的徐渭始专心于绘事，这时他已经经历了七年牢狱之灾、自残之痛以及种种精神病痛之苦，内心更加创伤累累。加之此时生活上的窘迫、精神上的困顿，使他必须通过绘画将内心的压抑与奔涌的激情宣泄出来，以艺术抚慰心灵。

徐渭传世的《墨竹图》《墨葡萄图》《杂花图》卷等，狂肆躁动的笔墨背后，是他挥洒出来的内心的躁郁，是痛苦的呼号。

《墨竹图》（图 1）使用大胆狂放的笔法，“信手扫来非著意”。高居翰认为“徐渭的竹似乎是毛笔怒扫在纸上的结果，速度快捷到完全无法加以控制，好像画家在亢奋状态之中，急于表现胸中翻涌上来的力量，没有时间思考一样”。这种笔法是“表现主义的（expressionist）而非绘形性的（representational），有

---

① 中华典藏网：zhonghuadiancang/wenxueyishu/qingshi/om
② 徐渭《徐渭集》第二册，中华书局，1983 年，第 396 页。
③ 徐渭《徐渭集》第四册，中华书局，1983 年，第 1342 页。

些笔触甚至毫无描绘性（descriptive）。”① 在徐渭的竹中，笔墨不再是塑形的手段，其暴烈的表现，源于徐渭本身古怪而神经质的本性。

图 1 《墨竹图》

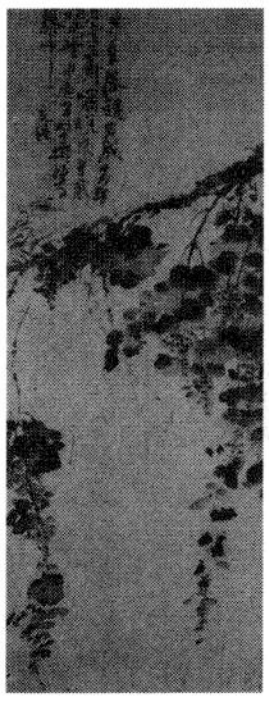

图 2 《墨葡萄图》

《墨葡萄图》（图 2）是徐渭更加广为人知的作品，亦可谓徐渭的“自画像”。② 《墨葡萄图》的具体作画时间不好确定，但从其“半生落魄已成翁”句来看，大约应在 50 岁前后，应该是徐渭入狱期间或之后。这时，他对整个社会充满愤恨。他通过这幅画，表达了他对现实不公以及怀才不遇的悲叹。这幅画以狂草笔法绘一枝葡萄，构图奇特，信笔挥洒，任情任性，不拘成法，我们可以想象徐渭作画时近乎疯狂的气势。桀骜不羁的画面，配上那首广为人知的题画诗：“半生落魄已成翁，独立书斋啸晚风。笔底明珠无处卖，闲抛闲掷野藤中。”徐渭在这里并非一个传统文人的形象体现，董其昌提倡的“南宗”文人画，讲究的是平淡天真、不骄不躁。而从这幅画中体现出来的徐渭，是一个对社会、对人生充满不平之气的形象。对于当时徐渭的心理分析，徐建融《读墨葡萄图》里说得好。

> 对于社会的反抗，他也不是以这个社会是否黑暗，而是以是否有利

① 高居翰著，李渝译《中国绘画史》，雄师图书股份有限公司，1984 年，第 135 页。
② 徐建融《读〈墨葡萄图〉》，《国画家》，2011 年 3 月，第 10 页。

于我个人利益为标准的。……以自我为价值观，必然与社会常常发生对立。所谓恃才傲物、愤世嫉俗、反抗社会、蔑视权贵是其极端的表现，它与天下为公意义上的反抗社会黑暗、抨击贪官污吏是两个完全不同的概念，尽管二者有时在表象上十分相似。恃才就是认为我的本领最大，是“明珠”，而且是“独”一无二的“明珠”。所谓“笔底明珠”“独立书斋”，可见其自大。而天下人不仅都不及我，而且都不识才，所以“无处卖”而“闲抛闲掷野藤中”。现今年已半百了，却落魄如此，所以要“啸”，要抨击社会、蔑视权贵。不过，如果得意了呢？还是要“傲物”，但不是傲视权贵，而是傲视卑贱。民间传说中徐渭捉弄老实巴交的农民、伙计的轶事固不足论，文献记载他幕府时得意忘形，“仗势以酬不快”，甚至对占小便宜的士兵、偷情的尼姑也小题大做，竟致剥夺了他们的生命，使“一军股栗”，可见其可怕。我们不能不指出其心理的疾病，早已埋下病灶，后来的发疯自杀、杀人是必然的结果。①

徐建融在这里将徐渭心理、人格上的缺失在画中的表现剖析得鞭辟入里。

徐渭善画花卉，南京博物院藏《杂花图》卷（图 3），作于万历年间。这是一幅长卷，绘花卉十三种，徐徐展卷，可以看出徐渭情绪的起伏：开卷是笔迹爽劲，墨色滋润秀雅，折枝牡丹、石榴，然后是大笔涂抹的泼墨荷花，以及后面明丽的梧桐树、菊花等。此图的最高潮是足足占据画幅三分之一的葡萄和芭蕉。葡萄粗干虬藤，以飞白笔法迅疾扫出；叶片、果实以用浓淡相破的手法涂写而成，参差错落，满目酸涩凄苦。芭蕉则以大笔横扫，水墨淋漓，构图再一次顶天立地。

郑奇这样评价徐渭的这幅《杂花图》卷：徐渭画笔所到，为何总是蔽天盖地、无法无天，因为唯有这纸墨笔砚，才是属于他自己的一方天地。唯有

① 徐建融《读〈墨葡萄图〉》，《国画家》，2011 年 3 月，第 9 页。

图 3 《杂花图》卷（局部）

在这方天地里，才可以尽情地显露他自己……虽亦重视笔墨技巧的精能，但更为强调的则是感情的宣泄。在这里，题材、技巧，通通都是表达感情的手段而已。①

结 语

病迹学研究的是精神疾病与创作天分之间的关系，而这种关系是否明确，还存有讨论的余地。艺术家因为独特的精神与人格，使他创作出了独特的艺术作品，而在创作的同时，也是抒发自我、拯救自我的过程。徐渭的人生经历以及他的狂怪性格使他的大写意画成为中国艺术的一颗明珠，而徐渭的创作的过程中，也许是在进行自我的疗愈。

① 郑奇《狂怪苦涩——徐渭〈杂花图〉卷》，《中国美术》，2017 年 7 月，第 51 页。

美术治疗介入农村留守儿童心理问题矫正的个案研究

宁亚莉①

【摘要】 农村留守儿童普遍存在焦虑、自卑、人际关系敏感等心理问题，本文以陕西省山阳县玉璞雅琢第三希望小学的留守儿童为研究对象，针对他们的心理问题设计美术治疗干预方案，采取每周一次的美术治疗课程对他们实施干预。干预结果显示，美术治疗能有效解决留守儿童的压抑和焦虑情绪，提升其心理健康水平；同时显著提高留守儿童的自尊心和自信心，增强自我认同感和社交能力。

【关键词】 农村留守儿童；美术治疗；心理健康

一、绪论

(一) 研究背景

2010至2020年间，中国流动人口从2.21亿人增至3.76亿人，增幅达69.7%，占总人口的比例高达26.6%。其中农村留守儿童规模达到了4 177万人，占全部留守儿童的62.4%，即每10名农村儿童中约4名是留守儿童。

---

① 宁亚莉，时为南京特殊教育师范学院学生。

陕西省留守儿童总数约为 130 万，由于留守儿童缺乏父母的关爱和教育，该群体易出现心理行为问题。2021 年中国科学院陈祉妍教授发布的《乡村儿童心理健康调查报告》中显示留守儿童抑郁检出率为 28.5%，留守儿童过度焦虑检出率为 27.7%，均高于非留守儿童。因此，亟须关注并解决农村留守儿童心理健康问题。

（二）研究目的及意义

1. 研究目的

近年来随着社会的快速发展，学生的心理健康问题越来越突出，不仅不利于学生个人的健康成长，而且也影响学校正常的教学活动。美术治疗作为一种非言语心理治疗方法，通过艺术表达和创造力的发挥，为学生提供了一个情感输出的渠道，在艺术创作的过程中，学生通过绘画、涂鸦、泥塑等方式表达内心的情感，释放负面情绪，提升情绪管理能力。通过美术治疗活动，一方面，能够帮助学生发现和展示自身的优点和才华，培养自信心和自尊心，并改善其心理健康状况；另一方面，通过与其他人进行交流和合作，提高其社交能力。

2. 研究意义

本文的研究对象是存在心理问题的农村留守儿童，留守儿童作为一个特殊群体，从小与父母分离，家庭教育的缺失，导致他们在学习、生活、人际交往等方面容易遇到更多的问题。美术治疗作为一种非语言的表达与沟通形式，可以帮助教师更好地了解儿童的内心世界，更容易介入儿童的心理层面。通过美术创作过程，可以有效化解儿童的情绪冲突，改善其心理状态，促进儿童健康成长。本研究中的美术治疗方案操作性强，可复制，为干预儿童的心理健康问题提供了一种新思路。首先，通过美术治疗活动，教师可以充分利用自身专业优势，发现儿童压抑和焦虑情绪，促进儿童心理健康成长，提高自信心。其次，儿童能通过美术治疗课程了解自己内心的矛盾和困扰，进行自我调整。最后，通过美术创作活动，培养儿童的艺术才能和审美能力，为其未来的发展提供更多机会和选择。

（三）国内外研究现状

3. 国内研究现状

近年来，艺术治疗在教育领域得到了显著的发展，许多学者开始将艺术治疗作为一种治疗青少年儿童心理健康问题的方式。2021 年，姚晓玲在《美术教育对青少年心理健康发展的促进》这一课题中，提出美术教育对青少年心理健康干预有重要影响，同时指出要把美术教育渗透到儿童心理健康中。2023 年，万琳娜的《基于美术教育思维与儿童心理辅导的融合》一文提出美术教师应鼓励儿童通过绘画表达内心情感。2023 年，宗传玉的硕士论文《美术治疗的作用机理及手段》中，指出美术治疗在促进人的心理健康方面有着特殊功效，将美术治疗理念融入心理健康教育中能丰富心理咨询手段。

4. 国外研究现状

国外对美术治疗的研究始于二战后，由美术教育家罗恩菲尔德首次系统提出，并将其成功应用于特殊儿童的康复教育领域。2014 年，阿兰・德波顿和约翰・阿姆斯特朗在《艺术的疗效》中深入探讨了艺术在应对心理困境中的治愈作用。2016 年，艺术教师大卫・爱德华斯出版了《艺术疗法》，系统梳理了艺术治疗的理论框架和实践案例，为读者提供了全面的参考和借鉴。2023 年，波塔什・乔丹和黛布拉在《基于视听的艺术和音乐疗法在减轻青少年创伤后应激障碍中的作用》中详尽阐述了艺术治疗在抚平情绪问题、缓解创伤体验和缓解焦虑的疗愈能力。这些研究表明，艺术可以治愈灵魂和身体上的伤害，帮助人们改善自身的情绪状态并寻找到内心的平静和快乐。

综上所述，本研究在借鉴国内外研究成果的基础上，通过美术治疗活动课程，深入探索留守儿童的情感需求，为其建立心理安全感和归属感，从而达到改善心理状态的目的。

二、 相关概念

（一）美术治疗的概念

广义上，是指运用包括视觉艺术、听觉艺术和时空艺术在内的所有艺术手段，来进行心理治疗的一门学问。狭义则通过绘画、拼贴、塑形等美术活动调节人们身心的美术疗法。据此我们可以了解美术治疗基本的概念：利用绘画、雕塑等艺术活动，抒发和投射个人内心压抑的情感，展现个人的成就和价值，从而减轻心理困扰的一种心理治疗方法。

（二）留守儿童的概念

因我国社会结构转型和社会经济深入发展，产生了大量外出务工人员，许多务工人员把孩子留在家中，就产生了所谓的“留守儿童”，2016 年，国务院印发了《国务院关于加强农村留守儿童关爱保护工作的意见》，将留守儿童界定为：父母双方外出务工或一方外出务工另一方无监护能力、不满十六周岁的未成年人，陕南贫困山区农村留守儿童约 10.36 万人。根据本文研究的需要，将农村留守儿童定义为：“父母一方或者双方在省外务工超过三个月以上、不满十六周岁的未成年人。”

三、 对农村留守儿童心理问题的个案研究

（一）调查结果分析

本次问卷调查采用的《中小学生心理健康量表》（MHT），是适应于我国中小学生标准化的心理健康诊断测验。通过理论与实践证明，该量表是全国较好的心理测量工具之一，可用于综合检测我国中小学生的心理健康状况，已在全国二十多个省市使用，操作简单、实用性强。

本次调查学生共140名，发放问卷140份，男生65名，占46.42%。女生75名，占53.57%。根据MHT量表分析表，在效度量表中，有8人≥7分，这八份量表的学生可能掩盖自己真实想法，可信度低，因此有效量表为132份。其中，Q和Z学习焦虑、对人焦虑、自责倾向、冲动倾向等方面高于正常水平，根据班级的问卷调查结果和实际观察后，选定四年级某女生Q和某男生Z作为实践对象。

（二）研究对象

本文采用典型个案研究，依据教师经验判断结合《中小学生心理健康量表》（MHT）选取陕西省山阳县玉璞雅琢第三希望小学中两名具有一定“代表性”的具有心理健康问题的当事人——当事人Q和当事人Z（表1）。

表1　当事人Q、当事人Z的基本资料对照表

	当事人Q	当事人Z
基本情况	性别：女 年龄：11岁 年级：四年级	性别：男 年龄：9岁 年级：四年级
家庭背景	父母关系紧张已经持续了很长时间，曾多次试图解除婚姻关系但未果。由于工作繁忙，父母整年都不在家。孩子们的日常生活与成长照顾则主要是由爷爷奶奶承担。然而，其父亲偏偏嗜好赌博，从不关心孩子们的成长状况，只顾着自身利益。家中共有三名孩子，其中包括一位男孩和两名女孩。值得注意的是，奶奶存在严重的重男轻女的思想倾向，即使是弟弟和妹妹犯下错误时，她也会将责任归咎于Q。	家庭背景有点复杂，Z同学是家里的独苗，但是父母却选择离婚各自寻找新的幸福，母亲在重组家庭后，两年前生了一个女儿。现在Z同学的生活起居主要是靠奶奶照看，而他的父母对他则是束手无策，无暇顾及。
学习情况	学习成绩优异，对待学习积极认真，对自己要求较严格。与同学交往热情，愿意主动与老师交流。	学习不够主动，经常拖拉，需要老师不停督促。学习态度一般，成绩中等偏上，比较聪明。
特殊事件	奶奶在去年到学校打Q，甚至把Q踢到墙边，下手很重。	一位老师提到这名学生在去年往某老师（该老师在学校比较有威信）杯子里吐口水。

续表

	当事人 Q	当事人 Z
心理健康	学习焦虑 10 分 对人焦虑 9 分 自责倾向 8 分 冲动倾向 8 分	学习焦虑 10 分 对人焦虑 8 分 身体症状 8 分

（三）美术治疗干预实施

1. 前期准备

首先，根据两位当事人的自我认知、情绪宣泄以及心理健康问题等几个方面，编拟 8 次绘画课程活动（表 2），分阶段推进介入程序，帮助他们增强自信，表达感受，实现自我成长。其次，对两位当事人进行每周一次的美术治疗活动，8 次活动共进行 8 周，活动时间为每周三下午 4:00—4:50。活动内容：命题绘画创作，治疗过程中对个案绘画作品进行拍摄记录。

第一阶段：在第一阶段里设计了“自画像”“家庭动力图”和“屋—树—人”等主题，通过对这些主题绘画作品的分析，来了解当事人现阶段的自我认知、情绪状态以及人际关系情况，并在此阶段与当事人建立轻松、信任的活动氛围。

第二阶段：通过“我最开心的事”和“我最害怕的事”为主题进行创作，促使当事人进一步将内心的焦虑、困扰、冲突等表现出来，从而缓解情绪紧张，解决情感问题。

第三阶段：通过让当事人创作以“过去和现在的自己”和“未来的自己”为主题的作品，并对作品进行分析，进一步探索当事人在经过了整个治疗过程后认知、情感以及人际关系的改善状况。

表 2　美术治疗干预课程方案

阶段	次数	课程名称	课程内容
第一阶段	第一次	《自画像》	画出你自己
	第二次	《我最好的朋友》	画出自己认为最好的朋友（过去、现在、假想或将来）
	第三次	《家庭动力图》	家庭树 动物家族画
	第四次	《房树人》	我居住的地方，根据自己的愿望画一个居住环境，要有树、自己和居住的房子
第二阶段	第五次	《我最开心的事》	请画出记忆里最开心的一件事情
	第六次	《我最难过的事》	请画出你最难过或者担心的一件事情
第三阶段	第七次	《过去和现在的自己》	请画出过去和现在的自己
	第八次	《未来的自己》	请画出未来的自己

2. 实施过程

为了便于综合比较，本文将当事人的分析进行分别叙述，使作品分析呈现整体性的展示。

（1）当事人 Q

①第一阶段

当事人 Q 在第一阶段创作了“自画像”“我最好的朋友”“家庭动力图”和“屋—树—人”多幅主题绘画，这些主题绘画不同程度地透露出当事人 Q 在现阶段内心所压抑的一些消极情绪。第一个主题是“自画像”，通过画自画像可以反映出一个人对自我的认识，帮助了解当事人的内部自我及个人态度，为了更一步了解当事人 Q 在生活中的人际关系，教师紧接着设计了第二个主题“我最好的朋友”。

活动情况描述：当事人 Q 在绘制“自画像”过程中（图 1），多次修改画面，甚至在画完自画像后又完全擦掉，在此基础上又重新画。对此行为教师进行言语鼓励：“我不是考查你的绘画技巧，我只对你画的人感兴趣。不用担心绘画技巧，你想怎样画都可以。”Q 渐渐放松下来，但是在绘画过程中，

当事人Q第一阶段的作品

图 1

图 2

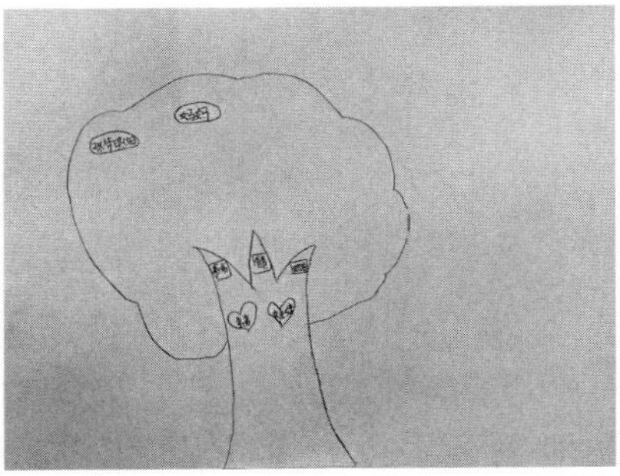

图 3

情绪很低落。教师："你画这幅画的时候不开心，甚至很生气是吗?"Q点头沉默，小声回答"是"。教师："能告诉我为什么吗?"Q："因为我奶奶。"当事人Q低下头，将手臂往胸前缩，表现出抗拒，不愿意表露具体发生事件。教师："那你能和我聊聊你的好朋友吗?"Q情绪开始好转，继续说："我的好朋友人特别好，每次我有不开心的事，她都会来安慰我，不过她去云南上学了。"说完情绪又稍有低落。

作品分析：比例大小正常，人物在中心位置，整体线条流畅有力，下笔肯定，说明作者充满自信。画面整体呈现出不开心的氛围，学生甚至在头顶画了一个生气的标志，表现自己的愤怒。画面整体处于纸的上部，表明当事人有较高的理想抱负，会努力达到目标；画面呈正面，愿意让别人了解自己。头发细致描绘，表明做事很仔细，追求完美。没有画眼珠，表现出内向，关注自我；没有画耳朵，很少倾听别人的意见，张大的嘴巴，可能有比较强烈的表达欲望。画出宽肩，表现有承担意识，脚都有画出，表现出行动力比较好，鞋子的细致描绘，可能反映其对物质条件的关注。

在第三次活动中当事人创作了"家庭树"和"动物家族画"（图3、图4），在"家庭树"中，当事人Q将自己和母亲画在一边，而其他的亲人则被放置在对立面，表现出当事人想和母亲生活在一起，这也与母亲常年外出

当事人 Q 第一阶段的作品

图 4

图 5

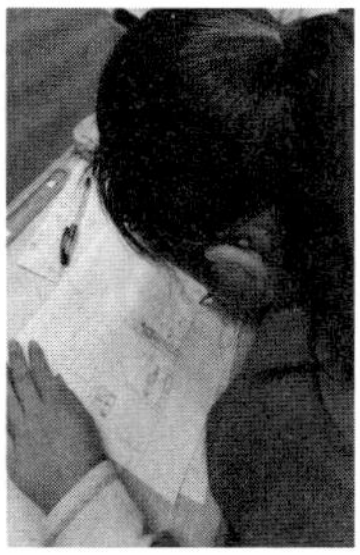

图 6

务工的情境对应。同样，在“动物家族画”中，当事人 Q 把母亲和妹妹画在自己的两侧，表现出内心更偏向母亲和妹妹。她把自己画成了兔子，潜意识代表了当事人温和、善良的性格，另一方面，也说明了如果面对触及底线的事情，她也会进行反击。教师向 Q 提问：“为什么把妹妹画出了鳄鱼，鳄鱼看起来很可怕。”当事人 Q 回答：“因为我妹妹脾气特别不好，她想要的东西必须拿到，要不然就会大吵大闹，有时候还会咬人。”教师继续询问：“那妈妈呢?”当事人 Q 又说：“因为我妈妈情绪特别善变，有时候上一秒心情很好，下一秒又生气，我感觉和猫很像。”从画面以及当事人 Q 的回答中，反映出她在家庭一直处于边缘状态，尤其是心理上的需求一直被忽略，不被关注。当事人 Q 创作了“屋—树—人”（图 5），她先画了人，再画房子，最后画的树，说明 Q 更加关注自身的成长，画面反映出 Q 对自己的未来有清晰的规划和目标，敞开的大门说明她非常愿意与他人进行交往，花朵的点缀说明她比较爱美。教师询问：“这个女孩是谁呢?”Q 积极回答说：“她是一个医生，正在打开门，从房间里出来。”教师点头回应，Q 随即又说：“这个是长大以后的我。”由此反映出 Q 渴望脱离原生家庭，对自己的未来有清晰的目标。

②第二阶段

当事人 Q 在第五次和第六次创作了“我最开心的一件事”和“我最难过

的一件事”主题绘画，进一步促进当事人将内心的焦虑、困扰等表现出来，在一定程度上宣泄了消极情绪，调和了情绪冲突。

当事人 Q 第二阶段的作品

图 7

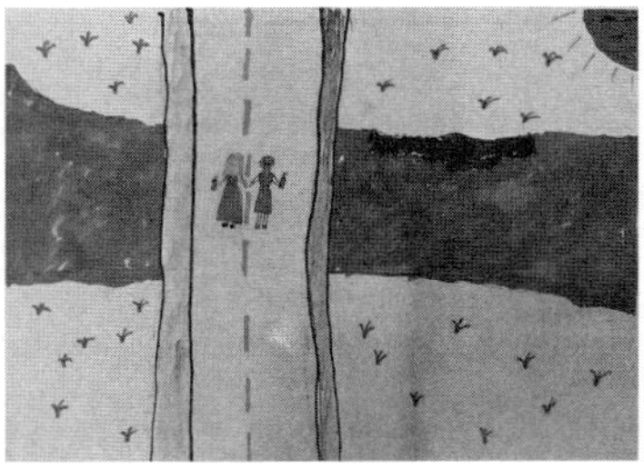
图 8

图 9

作品分析：当事人 Q 在第二阶段中创作了“我最开心的一件事”（图 8），当事人 Q 讲述她最开心的一件事就是某天午后，和妈妈一起在乡间小路上一起散步聊天，Q 和妈妈各自手拿了一瓶饮料手牵着手在路上走着。在“我最难过的一件事”的主题绘画中，画面上是 Q 的妈妈要离家外出打工 Q 在画面上特意强调了乌云以及闪电，通过图中的“流泪”更加表现出压抑在她内心的难过、压抑。在本次活动过程中，当事人 Q 都画了母亲，说明母亲在她心中的重要性，由此可见，母亲对于 Q 的身心健康成长方面，具有极大影响力。

③第三阶段

在第三阶段治疗中，教师设计了“我的过去和现在”以及“我的未来”主题绘画，了解儿童绘画投射的变化，从而推测当事人认知、思想和情感的变化。

作品分析：当事人所画的“过去”是当时妈妈正在老家坐月子的场景（图 10），Q 说就是在这个假期妈妈坐完月子就外出打工了。从当事人的表述中可见 Q 渴望妈妈留在自己的身边。在图的右侧是当事人 Q 画的“我的现在”，画面中的 Q 在整幅画的左侧，表现出恋旧情绪，渴望回到过去，并且

Q距离目前所住的家较远，也暗示了Q对“现在”的不喜欢，尤其是画面中人物难过的神情。Q希望自己未来成为一名医生（图12），画面中人物咧开笑的嘴巴表明她很开心，在整个治疗过程中Q的情绪也比较高涨积极。

当事人Q第三阶段的作品

图10

图11

图12

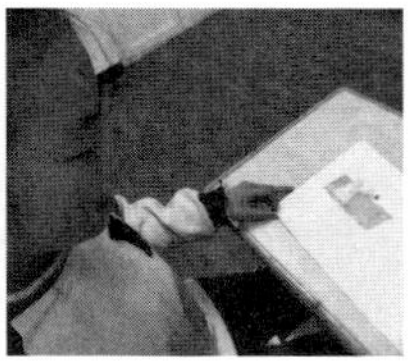

图13

（2）当事人Z

①第一阶段

活动情况描述：当事人Z在画画过程中，反复修改，对于头发反复细致地进行描绘，下笔很用力，整体画得很慢（图14）。

作品分析：画面偏左，可能有恋旧的情绪；整体人物偏小，没有安全感，退缩，沮丧。整个人物都涂黑，有可能存在情绪困扰，对自己存在担忧。强调鼻子，比较有主见。脖子比较长，想要出人头地；整体用笔力度特别用力，可能代表自信，或者带有攻击性。

当事人Z第一阶段的作品

图14

图15

当事人Z对教师有很强的阻抗心理，不愿交流，为了了解当事人Z的家庭情况，教师安排了第三个主题“家庭树”和“动物家族画”。在“家庭树”中（图 15），当事人 Z 把父母画在自己旁边，渴望与父母靠近，他将母亲离婚后再生的女儿画得很远，说明内心深处可能排斥妹妹。在“动物家族画”中，当教师提问到父母时，当事人 Z 愿意与教师进行交流，阻抗行为减少，教师询问：“你为什么把自己画出兔子，是因为自己和兔子很像吗?”Z 点了点头，回答：“嗯。”教师继续问道：“那你为什么把爸爸画成了狮子?”当事人 Z 突然有点兴奋，说道：“因为我爸爸是当兵的，而且他是坦克兵，和狮子一样特别威风。”随即又说道：“我把妈妈画成了凤凰，因为凤凰特别美。”Z 对父亲很崇拜，也渴望与母亲在一起，但在当事人 Z 的心里，母亲距离自己太遥远了。

当事人 Z 第一阶段的作品

图 16

图 17

图 18

在第四次活动中创作的“房树人”（图 17），画面富有想象力，教师向他询问，Z 积极回应，这幅画叫“天空之城”，左面的房子是他买到的房子，类似于城堡说明 Z 富有童心，且对物质有要求。画面中的树可以长任何东西，甚至是星星，当事人 Z 充满童真，想象力丰富。当教师询问：“你希望和谁住在城堡里面?”当事人 Z 希望和爸爸、妈妈、妹妹和姑姑住在一起。画面中与当事人 Z 的现实生活反差较大，说明在生活中，Z 非常缺乏关爱，希望在画面中得到补偿。

②第二阶段

教师设计了“我最开心的一件事”和“我最难的一件事”，通过对当事人Z的两次主题绘画的深入分析，展示出Z内心深处隐藏的困扰、不安甚至是内部矛盾，本阶段的课程大大缓解了他压抑的负面情绪。

作品分析：当事人Z在接触“我最开心的一件事”沉思了很久，迟迟没有动手画画，教师询问原因，Z说：“老师，我没有开心的事。”说完立刻低下头，在教师的鼓励下，当事人Z画了上周在县城玩耍的场景，（图19）画面中Z独自一个人在挖掘机上玩耍，周围是高大的建筑物，显示出Z内心的孤独无人诉说。

当事人Z第二阶段的作品

图19

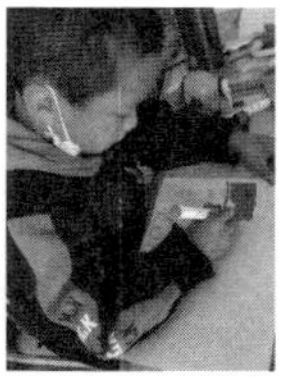

图20

图21

图22

课程一开始，Z向教师询问：“老师，离婚的场面怎么画啊？”教师慢慢引导，不一定画出真实的画面，可以是想象中的事情，表现自己的情绪。在画面中（图21），乌云密布天空，黑压压一片，漫天的雨水都表现出Z的难过、痛苦。图中父母在两侧对立，表情凝重，还在不停地争吵。在民政局的外面还站着一群等着离婚的人，在图中左下角是两棵并立的橡树，表现出Z渴望父母能够生活在一起，不希望父母分开，也表现出Z害怕孤独，内心深处渴望陪伴。教师询问：“你父母现在关系怎么样，还会吵架吗?”Z回答说：“他们关系不好，一见面就吵架。”Z突然主动对教师说：“因为我妈嫌我爸太懒了，他还打牌，脾气也不好。”从当事人的讲述中可以看出压抑在他内心深处的，给他带来最多负面情绪的因素主要还是来自父母的冲突。

③第三阶段

当事人 Z 积极完成绘画任务，随着治疗过程的进行，他的状态越来越投入，此次教师安排了“我的过去和现在”等主题绘画。

当事人 Z 第三阶段的作品

图 23

图 24

图 25

图 26

作品分析：画面中只有 Z 和爸爸住在一起（图 23），画面右侧是 Z 画的“现在”，画面中只有 Z 一个人，可以看出 Z 的孤独、无人倾诉的状态，房子上有许多窗户表明他期待与他人交流。（图 25）Z 画的“我的未来”，Z 说他以后当上了大老板，自己开了两家公司，画面中人物嘴巴咧开笑并且四肢舒展，表明他很开心。

3. 干预效果

经过 8 次绘画治疗干预，两位当事人的心理健康情况有了明显的改善，Q 在学习焦虑、对人焦虑和冲动倾向三个方面有显著的降低，说明 Q 在美术治疗课程中缓解了考试焦虑的情绪，数学等学科的准确率上升，在人际交往方面开始融洽，没有那么敏感，提高了自尊心和自信心。而 Z 在学习焦虑、对人焦虑以及身体症状也均有显著降低，说明减轻 Z 压抑和焦虑情绪，并且在美术治疗过程中，其奶奶反映 Z 主动联系父母，亲子关系更加融洽，幸福感得到提升。

详情如下表：

表3　个案Q干预前后MHT量表得分对比

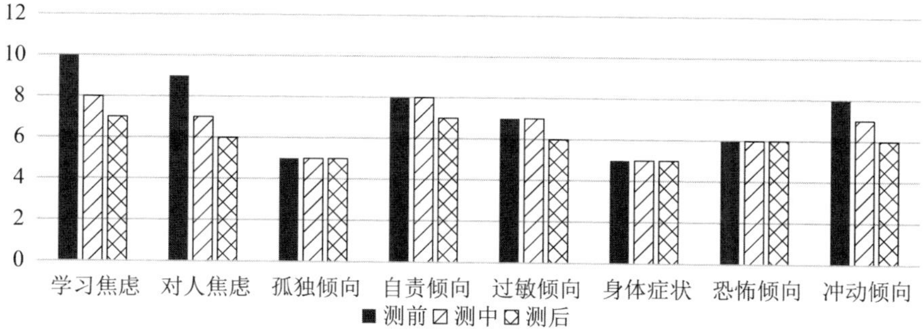

表4　Z心理健康诊断前后测试情况

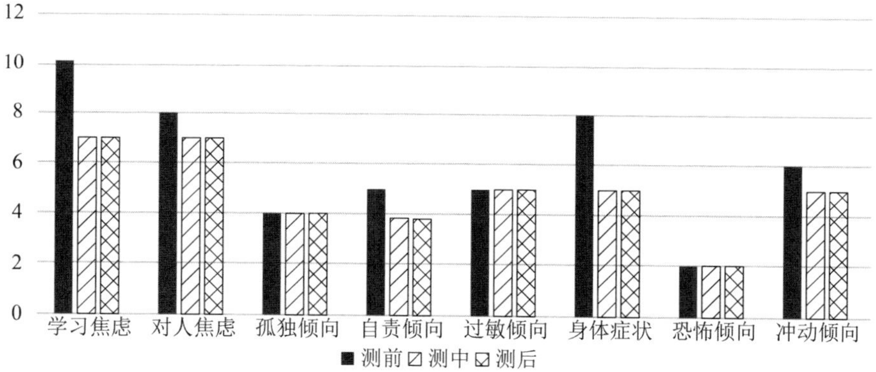

四、 总结与反思

（一）研究总结

本研究选取两名农村留守儿童开展个案研究，通过绘画治疗结合语言交流的干预方式，采用MHT量表前后测数据进行效果评估。研究结果显示：个案Q在学习焦虑、对人焦虑和冲动倾向三个维度的得分显著降低；个案Z在学习焦虑、对人焦虑及身体症状方面亦有明显改善。后续跟踪访谈发现，Q在干预后表现出更强的助人行为，主动帮助同学解决学习问题；Z与父母的沟通频率和质量均有提升，情绪状态明显好转。这些行为改变从侧面展示了美术治疗对改善留守儿童心理健康的积极效果。

（二）研究反思

本文研究虽然取得了一定成果，但尚存在局限性。首先，个案人数较少，研究对象仅限陕南贫困山区两名留守儿童，受地域文化及教育资源限制，研究结论的普适性有待验证。如果换一所学校或者其他发达地区进行可能有不同的结果出现，研究成果不具备可推广性；其次，研究过程中运用的干预方法比较单一，主要采用绘画治疗，缺乏多元化的艺术治疗形式，而且评估工具有限：主要依赖 MHT 量表和作品分析，缺乏客观的评估指标体系。

1. 评价结果的解释出现偏差

目前，美术治疗诊断与评估大多数没有建立一套科学完整的诊断程序，只能通过描述的形式解释评估结果。评价结果仅靠分析画面和绘画行为不够准确，所以，减少评估中的误差和评估结果中的偏差还有待进一步探究。

2. 美术治疗课程亟需深入研究

美术治疗课程的安排与设计上需完善评估体系，建议建立包含量化指标（如心理量表）与质性分析（如作品解读）的多维评估方案，并引入第三方评估以减少主观偏差；需延长干预周期至 3—6 个月，配备专业绘画工具，并增加追踪研究设计；寻求相关专业人员的帮助，建议组建跨学科团队（含美术教师、心理咨询师等），优化课程设置与作品分析方法；后续可开展多地区、多样本的对比研究，验证干预方案的适用性。

参考文献

[1] 黄珊珊．绘画治疗对改善农村留守儿童疏离感问题的个案干预研究［D］．长沙：湖南师范大学，2019：5-7.

[2] 牛万敏．《言语之外》：绘画中的“自我疗愈”及实践探索［D］．兰州：西北民族大学，2023：10-15.

[3] 肖杨．艺术治疗在小学美术课中的应用研究［D］．合肥：合肥师范学院，2023：20-29.

[4] 张芳宁. 基于核心素养下绘画治疗在初中美术课堂中的应用 [D]. 厦门：集美大学，2019：9-10.

[5] 罗曼. 4—6 年级小学生学习焦虑、注意力与学业成绩的关系及干预研究 [D]. 漳州：闽南师范大学，2022：11-20.

[6] 殷友莲. 绘画团体辅导对高年级小学生孤独感的干预研究 [D]. 昆明：云南师范大学，2018：7-15.

[7] 蔡畅. 绘画疗愈与农村小学美术教学 [D]. 赣州：赣南师范大学，2020：6-9.

[8] 肖桂花. 绘画治疗融入小学美术教育的实践研究 [D]. 重庆：西南大学，2021：25-33.

[9] 王海珍，谢玉兰. 绘画疗法对促进儿童心理健康的作用 [J]. 江苏教育，2018 (96)：58-60.

[10] 赵霞. 心“画”怒放，育人馨香——论绘画疗法在高中心理健康教育中的应用 [J]. 新教育，2020 (29)：80-81.

[11] 宗传玉. 美术治疗的作用机理及手段 [J]. 陶瓷科学与艺术，2023，57 (09)：64-65.

[12] 李建云. 初中美术对于学生健康发展的积极意义思路总结 [J]. 新课程，2020 (19)：140.

[13] 万琳娜. 基于美术教育思维与儿童心理辅导的融合 [J]. 艺术教育，2023，(02)：155-158.

[14] 姚晓玲. 美术教育对青少年心理健康发展的促进 [J]. 科幻画报，2021 (03)：249-250.

[15] 孟沛欣，郑日昌，蔡焯基等. 精神分裂症患者团体绘画艺术干预 [J]. 心理学报，2005 (03)：403-412.

[16] Helena J, Joao A, Magalhães L V, et al. Editorial: The impact of art therapy on mental health and well-being [J]. Frontiers In Psychiatry, 2023, 12 (21): 72.

[17] Liu Y, Animated Body Performance by Opening the Exploration Journey of Art Therapy with Creative Act [J]. Journal of Humanities, Arts and Social Science, 2023, 7 (7): 39-56.

[18] Crocker T, Carr M S, Clay Work and Body Image in Art Therapy: Using Metaphor and Symbolism to Heal [M]. Taylor And Francis: 2021, 24 (01): 12.

[19] Betts D, Deaver S, Art Therapy Research: A Practical Guide [M]. Taylor And Francis: 2019, 34 (01): 10.

陕南贫困山区留守儿童美术教育面临的困境与对策研究

王　沿[①]

【**摘要**】 习近平同志在深化基础教育改革中强调："要全面加强和改进学校美育，坚持以美育人，要始终把乡村教育摆在优先发展的战略位置，加大教育基础设施建设力度，优化配备教育教学设备，加强乡村美育建设。"但在陕南农村小学中，美育的现状不容乐观，其中陈旧的美育观念、学校对美育课程的投入不足、应试教育理念、师资力量短缺以及单一的课程评价标准等方面尤为凸显。因此，本研究旨在深入分析陕西省贫困山区农村小学美术教育所面临的问题，探寻具有切实可行性的课程改革路径，丰富教学资源配备，打造特色鲜明的美术课程体系。借助专业的美术教学手段，培养留守儿童的艺术素质，助其挖掘自身深藏的成长潜能，促进山阳贫困山区小学美育质量提高及美育公平。

【**关键词**】 贫困山区；留守儿童；美术教育

① 王沿，时为南京特殊教育师范学院学生。

一、 绪论

（一）研究背景

习近平总书记强调："要全面加强和改进学校美育，坚持以美育人，要始终把乡村教育摆在优先发展的战略位置，加大教育基础设施建设力度，优化配备教育教学设备，加强乡村美育建设"。陕南地区是中国贫困山区之一，许多山区家庭因为经济原因无法供养孩子到城市接受良好的教育，导致留守儿童问题日益突出。留守儿童教育问题不仅涉及知识教育，更关乎素质教育及成长。而美术作为培养学生审美情趣、表达能力、创新能力和人文精神的重要方式之一，却在山区留守儿童教育中遇到了很大的困境，无论是课程结构还是课程资源都有极大的缺陷，美术课程一直被忽视。当地师资状况、教学环境、硬件软件设置也较为落后，家庭教育理念也相对落后。因此，如何确保留守儿童的美术教育权利，提高他们的文化修养，改善当地的美术教育状况迫在眉睫。

（二）研究目的与意义

1. 研究目的

陕南山阳县受当地经济发展条件的制约整体的教学水平以及课程体系设置都较为落后，并且当地的自然地理环境与外界联系较差，因此无法及时的获取新事物和新信息，美术教育也就无法得到良好的体现，贫困山区农村留守儿童在这个长期的过程中出现美育欠缺。因此在美术专业课堂教学过程中，构建完善的课程体系，开发丰富的教学材料，开展具有特色的美术课程刻不容缓。本文通过对陕南贫困山区美术教育现状及问题的挖掘，并给予陕南贫困山区美术教学有针对性的建议与对策，促使陕南贫困山区留守儿童美术教育脱离困境。

2. 研究意义

本文从美术课程的角度出发，深入了解陕南贫困山区留守儿童美术教育面临的困境。通过调查和研究，可以全面了解留守儿童接受美术教育的真实状况，为制定精准的对策提供依据。首先，提高留守儿童的创造力和审美能力。留守儿童因为缺乏机会和资源，无法接触到多样化的艺术作品和文化形态，本研究旨在探讨如何在有限条件下提高留守儿童的艺术修养，激发他们的创造热情和审美能力。其次，探索推广美术教育的新模式。针对陕南贫困山区留守儿童美术教育的特殊情况，本研究将探索出相应的课程模式和方法，为留守儿童美术教育的推广提供有益的经验和参考。再次，通过本文的研讨对贫困山区美育发展提出建设性意见以及未来的展望。

(三) 国内外研究现状

1. 国内研究现状

从搜索的相关文献资料来看，国内研究主要采用实证分析方法，探索农村留守儿童小学美术课程存在的问题，并对其提出对策，从而来传达小学美术教育的重要性。目前国内对于农村小学美术课程教学的研究正日益发展，研究范畴不断扩展。

刘达 2017 年在《吉林省农村小学美术课程现状及对策研究》中提出美术教育理念落后、美术教学模式单一、教师专业素质偏低、教学评价体系不科学等问题。她的研究主要创新在将西方与中国美术教育理论相结合，探讨农村小学美术教育发展的现状，弥补了以往单纯以论述为主，存在理论空洞的不足。

杨颖芮 2020 年在《红河县少数民族留守儿童美术教育问题研究》一文中指出农村小学美术课程教学的现状，问题的挖掘，给出提高农村小学美术课程教学质量的针对性对策与建议。通过对农村小学美术教学目标的正确设定、美术师资培养体系的完善以及科学教学评价体系的建设，对于促进农村小学实现国家规定的新的教学大纲内容与目标具有一定的现实意义。

李志珊 2017 年在《绘画治疗在留守儿童美术教育教学中的应用与探究》中提到在课堂中加入艺术治疗的相关内容不仅适用于解决留守儿童的心理问题，同样适用于普通课堂对于学生心理状况的追踪，丰富美术课程新内容，为教育的最终目的所服务。融入艺术治疗理论的美术课堂能够有效地缓解留守儿童的心理问题并同样适用于干预普通学生的心理问题。

2. 国外研究现状

从查找的文献来看，国外研究领域较为广泛，涵盖了学科建设、理论、实践等领域。其中教学实施、理论研究和课程教学较为详细，英国《英国国家美术课程》分为“学习计划”（Programs of Study）和“成绩目标”（Attainment Target）两部分。其中“学习计划”并没有具体规定教学内容，这样便有了较大的灵活性，教师可根据地方、学校及学生的实际情况创造性地教学。

Yuhan L 2023《Status and Countermeasures of Art Education in Primary and Secondary Schools in Ethnic Minority Areas》提出美术是美学领域的一门重要学科，美术教育是美育的重要组成部分。小学美术教育存在的不足，要求教师认识到这些差距，分析其根本原因，探索促进其发展的有效措施。振兴美术教育，既是学校和教师的使命和责任，也是社会各界的共同愿望。为此，教师必须增强思想意识，创新体制机制，培育融合协作，重视和加强美术教育。反思和分析民族地区中小学美术教育的现状和面临的挑战，探索美术教育的新思路，并提出对策。

Li M，Li J. Exploration of Evaluation Methods of Art Education in Primary School 中表示，以教育评价改革为出发点，助力教育高质量发展，越来越成为各方的共识。2022 年党的第二十次全国代表大会明确提出“深化教育领域综合改革”，“完善学校管理和教育评价体系”，在这样的背景下，如何提高和培养学生的素养就显得极为重要，而艺术素养是其中不可或缺的一部分。小学阶段是深化教育的关键阶段，在整个人才培养体系中起着关键作用。

综上所述，国内学者大多从美术教育理论、教学模式单一；教师专业素质偏低，提高农村美术课程教学的针对性，方向出发却少有在美术课程上给出解决办法。艺术教育治疗融入课堂教学中的研究在逐年上升，但将其运用到贫困山区留守儿童美术课程中辅助教学的案例相对少见。在国外文献中，近年趋势以美术教育的学科性、教育性和趣味性为主，为围绕美术教育原则，在美术教学上提出见解，整体而言国外研究综述大部分以理论结合实践支持为主，但对留守儿童美术课程以及教育问题实施相对较少。本文结合美术教育与教学现状实践，探讨陕南贫困山区留守儿童美术课程教学存在的问题与对策，以陕南山阳地区的农村小学美术实地考察为例，力求挖掘山区美术教学整体的真实现状与问题。从而给出合理的、针对性的建议与对策。

二、 陕南贫困山区留守儿童美术教育现状及成因

(一) 陕南山区留守儿童基本情况介绍

他们的父母外出务工，或离异、残疾、去世等原因无法在家照顾他们，他们主要由祖辈抚养。由于缺乏家庭关爱、社会陪伴、安全保障，这些孩子的发展会受到很大的影响。他们的经济来源受限，家庭生活贫困，在基本生活保障、医疗卫生及安全等方面面临诸多困境。此外，由于缺乏家庭教育、社会交往、情感关爱等因素，这些孩子更容易出现智力发育滞后、情绪难以稳定、行为不规范等问题（图 1）。

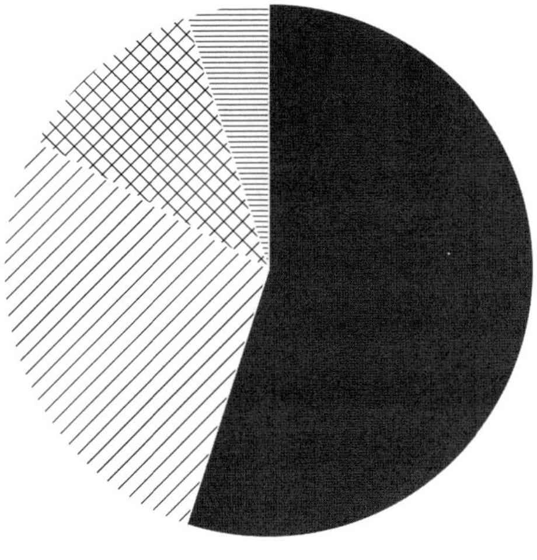

图 1　认知式美术治疗课程的内容

在美术教育方面，由于教育资源的匮乏、课程建设和师资力量的不足，陕南山区留守儿童的美术教育水平普遍较低。很多学校没有专门的美术课，也没有专业的美术教师。即使有美术课，也只是浅显的涂画和手工制作，缺乏系统性和深度。这些都导致留守儿童的绘画能力和创作能力较差，无法得到有效的艺术培养和提升。

除此之外，陕南山区留守儿童的文化背景和审美意识也存在问题。由于家长的文化层次和经济条件有限，他们往往无法为孩子提供优质的文化和艺术环境，缺乏对艺术的欣赏和理解。这也阻碍了留守儿童的艺术教育成果的发挥和转化。

（二）陕南山区留守儿童美术教育现状

1. 陕南山区留守儿童美术教学开展情况调查

本文主要以问卷调查、访谈调查的方式分析陕西省山阳县农村小学美术教学现状，分别对陕西省山阳县三个贫困山区的农村小学的美术教师与学生进行了问卷调查，三所学校美术教师共计 4 人，不同学校选取小学五年级学生作为调查对象，每个学校选取一个班，共计发放学生问卷 71 份，实际收回 68 份。本文之所以选择小学五年级学生作为调查对象是由于这一阶段的学生已经具备独立思考的能力和回答调查问卷的能力，且具有代表性。问卷调查的内容主要涉及各个农村小学的美术教学和美术师资情况、美术主要教学内容、教学课程反馈。

2. 陕南山区留守儿童美术教学开展情况调查结果分析

（1）师资状况

从对陕西山阳地区三所小学的调查统计结果来看，陕西省山阳县农村小学美术课程的师资状况十分匮乏，教学质量较差。（表 1）

表 1　师资情况统计

<table>
<tr><td rowspan="2">性别</td><td colspan="2">男</td><td colspan="2">女</td></tr>
<tr><td colspan="2">2</td><td colspan="2">2</td></tr>
<tr><td rowspan="2">年龄段</td><td>24—30 岁</td><td>30—40 岁</td><td>30—40 岁</td><td>40—50 岁</td></tr>
<tr><td>2 人</td><td>0 人</td><td>0 人</td><td>2 人</td></tr>
<tr><td rowspan="2">专业</td><td colspan="2">美术</td><td colspan="2">其他</td></tr>
<tr><td colspan="2">2 人</td><td colspan="2">2 人</td></tr>
<tr><td rowspan="2">学业</td><td colspan="2">本科</td><td colspan="2">专科</td></tr>
<tr><td colspan="2">2 人</td><td colspan="2">2 人</td></tr>
<tr><td rowspan="2">从业年限</td><td colspan="2">2 年以内</td><td colspan="2">5 年以上</td></tr>
<tr><td colspan="2">2 人</td><td colspan="2">2 人</td></tr>
</table>

从上表可以看出，陕西省山阳地区的三所农村小学美术教师十分匮乏，其中两所学校只有一名美术教师，其中一所小学有两名美术教师。四名教师的最高学历是本科。从从业年限来看，五年以上的只有两人，且没有新鲜活力的注入，从专业角度看，两位老师是美术专业的，另两位老师是其他专业。从陕西省山阳县农村小学美术教师的师资配比来看，山阳县农村小学严重缺少专业的美术教师。

（2） 美术课程教学内容

从陕西省山阳县三所农村小学的美术教师的访谈来看，当地小学美术教学内容十分单一，与《义务教育艺术课程标准（2022 年版）》（以下简称“新课标”）中的美术教学内容不符合。（表 2）

表 2　课程教学内容

问题	答案	人数
美术课程教学主要内容	手工制作	0
	课堂绘画	4
	外出写生	0
	课外拓展	0

（3）美术课程教学

从陕西省山阳县农村小学美术教学状况分析来看，农村小学美术课程的教学过程较为枯燥，老师的教学方法，多以传统的课堂为主，学生按照模仿为主，要在整个过程中教师与学生互动较少，教师没有真正走进课堂。（表 3）

表 3　课程教学调查

问题	答案	人数
你认为美术老师在课堂上的教课方式有趣吗？	A 很有趣	20 人
	B 一般	8 人
	C 枯燥	40 人
美术课程的授课过程是怎样的	A 自己画	44 人
	B 教师讲解后画	16 人
	C 临摹	9 人
美术课画画过程中老师是否有指导	A 经常	3 人
	B 很少	4 人
	C 没有	61 人

为了了解陕南贫困山区留守儿童对美术课程的观点，设置了问卷进行调查。在调查中显示，学生对美术绘画的向往占比很高，他们都很喜欢绘画类课程。他们不喜欢传统的美术教学模式，大多数学生对绘画是充满憧憬和向往的。（表 4）

表 4　课程教学反馈

问题	答案	人数
你最喜欢所教美术的哪一部分的内容？（多选）	A 绘画	43 人
	B 黏土	62 人
	C 拼贴	55 人
	D 美术疗愈	29 人

续表

问题	答案	人数
哪一部分的美术课程让你和同学们的交流最多，最快乐？（多选）	A 绘画	40 人
	B 黏土	58 人
	C 拼贴	49 人
	D 扎染	65 人
冬令营的活动结束后，后期还希望能够学习哪些美术课程？（多选）	A 扎染课程	60 人
	B 陶艺课程	68 人
	C 绘画课程	47 人
	D 美术疗愈课程	37 人

（三）陕南贫困山区留守儿童美术教育面临的困境

1. 学校对美术教育的重视不够

（1） 应试教学的制约性

陕南贫困山区的学校普遍重视应试教育，美术教育往往成为次要甚至被忽视的一部分。教师们更注重学生的文化课成绩，美术教学难以得到相应的关注和资源。很多农村小学开设美术课程但是都没有落实，自习课和其他科目老师“代上”情况较为普遍。这与素质教育理念完全不符，对于山区学生创造力、想象力的培养带来了较大的障碍，同时也限制了山区学生的个性与思想情感的表达，审美意识无法得到发展。很多家长限制学生学习美术，认为作为副课的美术对升学考试毫无用处，反而会占用主课时间，阻碍学习成绩提高。

（2） 师资力量的匮乏

由于地域偏远，陕南贫困山区的学校往往面临师资力量不足的问题。缺乏专业的美术教师，限制了留守儿童接受优质美术教育的机会。另一方面，因思想观念，经济，以及交通等因素的影响，导致美术专业毕业生不愿意到陕南贫困山区，一般情况下，贫困山区农村小学办学规模较小，容纳不了太多的专业美术教师，其次是贫困农村生活与工作条件艰苦，且大多数专业美术教师不愿意到山区，其中薪资水平无法满足外来美术工作者的需求是主要原因，所以农村艺术教育发展受到阻碍，使得山区美术教师无法满足课堂教学的需求。导致贫困地区越是美术教师需求量大，越没有专业教师愿意到来，因此陕南贫困山区小学美术教育严重缺乏，美术素质难以提升。

2. 陕南山区留守儿童家庭问题

（1）缺乏父母的正确引导

留守儿童由于父母长期不在身边，缺乏家庭成员的正确引导，往往面临认知和情感上的困扰。父母的缺席使得留守儿童在美术教育方面缺乏相应的支持和鼓励。老一辈教育现象普遍，家庭教育的主要责任以及教育模式都是老一辈的思想，隔代教育模式弊端较多，其中“溺爱”“棍棒教育”较为普遍。导致孩子情感交流缺失，留守儿童在生长的各个阶段，缺乏父母的陪伴，没有起到正确的榜样作用，加之与祖辈缺乏沟通，自身的心理发展以及道德品行出现问题却得不到引导，因此很容易走弯路。

（2）留守儿童缺乏正确的留守意识

由于年幼和不成熟，留守儿童在面对家庭困境时缺乏正确的自我认知和应对方式。他们往往没有形成积极的留守意识。对于美术教育的自我要求和学习状态也欠缺积极性。留守儿童的人生观、价值观正处于一个形成时期，在此过程中缺乏家庭的温暖，或家庭结构的残缺，以及其他不良因素的存在，留守儿童很容易形成错误的人生观，价值观甚至道德观、世界观。在长期的不良环境中容易形成自控能力较差、无助、焦虑的不良情绪，而他们缺乏自我调节的能力，无法正确地面对现实。绘画教育凭借其独特的教学方式对于儿童个人的性格影响颇深，因此美术教育不再是普普通通的副科。

三、陕南贫困山区留守儿童的美术教育策略

（一）构建完善的课程理念

美术教育新课改中指出，在传统美术教育基础上进行全面改革。传统的

美术教育注重技巧的训练和学生作品的呈现，新课改更加注重培养学生的创造力、想象力、观察力和审美能力，新课改中的美术教育更加注重培养学生的主体性。传统的美术课程往往以教师为中心，注重传授技巧和知识，而新课改中的美术教育更加注重学生的个体差异和兴趣发展。教师应该成为指导者和引导者，为学生提供自由的空间和机会，让学生在艺术创作中发掘自己的潜能。新课改中的美术教育更加注重综合能力的培养。传统的美术教育偏重于美术作品的呈现，而新课改中的美术教育强调的是学生在整个创作过程中的思考、探索和表达能力，注重培养学生的观察力、设计思维、批判性思维和合作能力。新课改中的美术教育还注重与其他学科的融合。美术不再孤立于其他学科之外，而是与语言、数学、科学等学科相互融合，通过艺术创作来培养学生的多元智能和跨学科能力。总之，美术教育新课改旨在培养学生的创造力、想象力、观察力和审美能力，注重培养学生的主体性、综合能力和跨学科能力。这将为学生的全面发展提供更加丰富的美育资源和良好的学习环境。

（二）开发丰富的课程架构

在启动此次课程项目之初，我们荣幸地甄选出了陕南山阳县王阎镇三所小学中的一些代表。这几位同学将担当起此次全方位优化课程体系的核心测试者及代表性角色。鉴于该地区目前的艺术教育环境现状，我们特意精心打造了感知能力领域的专题课程。期望通过此举对当地原有美术课程结构与内容设定作出全面提升甚至变革，除此之外根据地理位置和自然环境来看，可以充分利用当地资源，进行就地取材，作为本次课程实施的美术教学的课堂内容或学生创作素材。例如，农村的自然风光：秋天金黄的树叶等可以带学生实地写生，引导学生欣赏农村的自然之美。另外，将树枝、树皮、树叶等利用起来，为学生创作提供美术教学资源与环境，农村当地资源的利用可以使美术教育的内容更加丰富，促进了农村资源的合理利用，实现了地域材料与现代美术教育的融合。

本文在课程实施之前，根据教学需求设计了八次绘画课程。（表 5）

表 5 课程设计

阶段	次数	课程名称	课程内容
第一阶段	第一次	《灯泡里的世界》	灯泡里的世界充满了色彩和活力，充满温暖和喜悦。让孩子自由发挥想象力和创造力，通过绘画创造出一个虚构的世界，展示出灯泡内部的神奇景象和奇幻场景。
第二阶段	第二次	《树叶的秘密》	描绘树叶、树枝的形态、纹理、颜色和光影等要素，先学会画眼睛看到的。学会运用视觉到自然界观察、了解真实的事物，根据不同事物特点表达自己所观察到的。
	第三次	《树枝的新衣》	
第三阶段	第四次	《大树的衣服》	采用写生的方法，深切感受树皮和土豆的表面特征，通过用手真实地触摸事物。在此过程中感受视觉特征带来的冲击，触觉带来的直接感受。结合想象力表达感受。
	第五次	《土豆的故事》	
第四阶段	第六次	《鸟语花香》	以“森林音乐节”为主题（思维拓展）。首先，利用聆听音乐的方式导入话题（听觉训练：鸟语花香），描绘出一个场景——在这个热闹非凡的森林中，鸟儿们即将举行一场别开生面的音乐会。
第五阶段	第七次	《品味的联想》	题进行思维拓展与引导（其中包括嗅觉和味觉的训练）。试着思考，通过橘子的香气联想起了什么事物或者记忆。接下来，让他们再次品尝橘子并阐述自己的感觉，特别要鼓励他们表达此刻的思考，最后以“橘子的联想”为题材的画作，以此记录下他们在整个过程中的思维过程以及联想成果。
第六阶段	第八次	《命题绘画》	以“未来世界”“食品安全”“传统文化”“保护视力”为主题的命题绘画，结合前六次的绘画创作自主选择命题绘画，借助想象力、创造力以及感知能力来表现和表达内心世界。

（三）实施有特色的美术课程

在课程开始之初，为了更好掌握当地学生美术学习的基础能力，组织了色彩创想主题绘画“灯泡里的世界”。首先，通过故事导入，在这幅绘画中，可以看到各种各样的生物和物体，灯泡里的世界充满了色彩和活力，让人感到温暖和喜悦。可以是一种具有想象力和创造力的艺术形式，可以通过绘画的方式创造出一个虚构的世界，展示出灯泡内部的神奇景象和奇幻场景。小朋友们用丰富的想象力和创造力，将他们的梦想和奇思妙想都融入这幅作品中。通过此次绘画的过程及结果来了解课程实施前的学习情况，对画笔的运用和控制不够熟练，可能在画线和涂抹颜色等方面存在一些困难，在细节的描绘和处理上不能够完整地表达出画面所要表达的细节，对于色彩的选择和运用不够敏感等。（图 2）

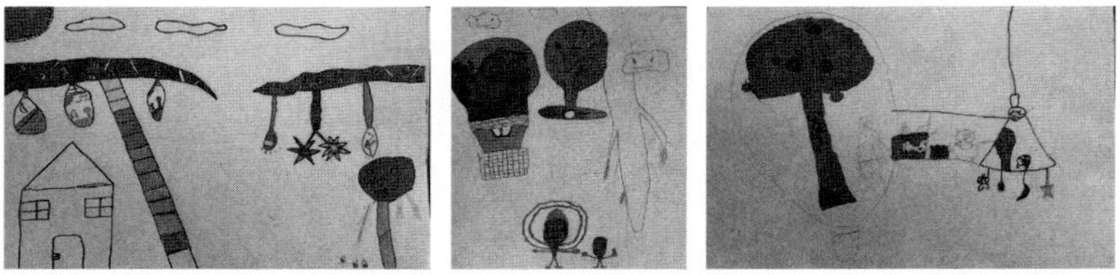

图 2　灯泡系列

其次，根据调查当地实际情况，本文从课程教学出发设计了感知能力训练课程。感知能力训练是指通过一系列的训练活动来提高个体的感知能力，包括视觉、听觉、触觉、嗅觉和味觉等。感知能力训练可以使个体更容易注意细节，提高对信息的观察和理解能力，同时也有助于加强思考和判断能力，提高个体对外界信息的敏锐度和准确度，使其能够更好地感知和感应世界，更好地应对各种情境。

本次感知能力训练将通过以下方式进行：

1. 视觉训练：包括视觉搜索、目视跟踪、视觉记忆的练习。

前期准备和过程记录

准备训练所需的材料：树叶，树枝

操作过程：结合当地特殊的教育资源，通过到自然界采集有特色；自己喜欢的树叶树枝。到自然界观察、了解真实的事物，根据不同事物特点表达自己所观察到的。在此过程中教授如何用闭合曲线表达物体形状（从一个点出发，根据眼睛所看到的绘画真实形状最终回到起点），首先学会观察；画眼睛所看到的。（图 3、图 4）

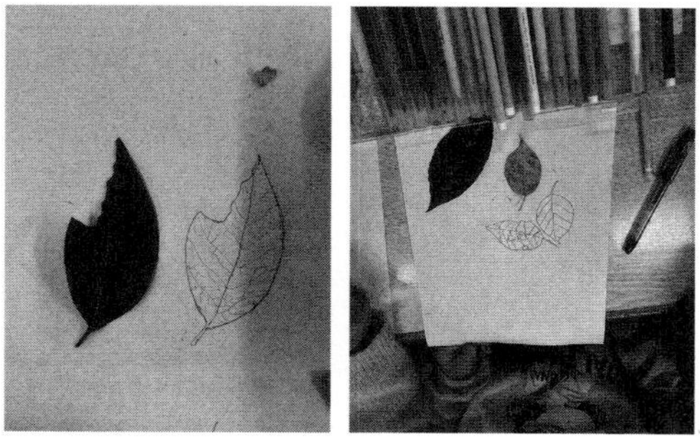

图 3　树叶系列

图 4　树枝

2. 触觉训练：包括触觉辨别、手指灵敏度的训练等。

前期准备和过程记录

准备训练所需的材料：树皮、土豆

操作过程：本次课程采用写生的方法，深切感受事物的表面特征，通过用手真实地触摸事物。在此过程中感受视觉特征带来的冲击，以及触觉带来的直接感受。通过视觉和触觉的相互作用来展现事物，让小朋友通过讲述自己联想到的树皮、土豆的故事并与画面结合，增强想象能力的同时活跃课堂氛围。加深视觉和触觉训练的同时增强孩子的创新能力。（图 5、图 6）

3. 听觉训练：包括听觉识别、定位和分离等练习。

前期准备和过程记录

准备训练所需的材料：歌曲《鸟语花香》

操作过程：以“森林音乐节”为主题（思维拓展）。首先，利用聆听音乐

图 5　树皮系列

图 6　土豆系列

的方式导入话题（听觉训练：鸟语花香），描绘出一个场景——在这个热闹非凡的森林中，鸟儿们即将举行一场别开生面的音乐会。接下来，热烈邀请小朋友们勇敢地表达出他们心中将会出现哪些鸟儿参与这场盛大的音乐盛典，并且生动形象地描述其独特且令人印象深刻的外形特征。最后阶段，我们将鼓励小朋友们发挥想象，设计并创作一幅生动直观的“森林音乐会现场”图画（要求至少画出 5 种以上不同种类的鸟类），让音乐与艺术的气息在这片美丽的森林中互相激荡、交融。（图 7、图 8）

图 7　森林音乐会指导

图 8　森林音乐会系列

4. 嗅觉和味觉训练：包括嗅觉和味觉测试、辨别和记忆。

前期准备和过程记录

准备训练所需的材料：橘子若干

操作过程：以“品味的联想”为主题进行思维拓展与引导（其中包括嗅觉和味觉的训练）。首先，可以从嗅闻橘子的气息这个实践开始，引领孩童进入课题（加深对气味和口感的认识），督促他们试着思考，通过橘子的香气联想起了什么事物或者记忆。接下来，让他们再次品尝橘子并阐述自己的感觉，特别要鼓励他们表达此刻的思考，以及由此引发的思想感悟。最后，你还可以要求孩童们画出一幅以“橘子的联想”为题材的画作，以此记录下他们在整个过程中的思维过程以及联想成果。综合感知觉训练：包括视觉、触觉、听觉、味觉、嗅觉和注意力训练、反应时间练习和联想记忆等。(图 9)

图 9　橘子联想系列

综上所述，通过感知能力训练，视觉训练：观察不同大小、形状和颜色的物体来提高视觉辨识能力。听觉训练：通过聆听不同声音和音乐，来提高听觉辨别能力。触觉训练：通过触摸不同材质、不同温度和不同形状的物体来提高触觉辨别能力。嗅觉训练：通过嗅觉游戏或进行嗅觉冥想，可以提高嗅觉感知能力。味觉训练：可以通过品尝不同食物的味道和口感来提高味觉感知能力。总之在此过程中可以提高个体的思维反应能力、增强对细节的注意力、加速信息的处理和理解、提高记忆和辨别能力，使个体具有更好的思维和判断能力，更适应多样化的绘画学习和创造。

此外在课程教学结束后，采取命题绘画创作的方式来展现此次课程训练成果。

5. 以“未来世界”“食品安全”“传统文化”为命题的绘画。

前期准备和过程记录

主题“未来世界”，让孩子们打开画纸，眼睛盯住空白的页面，思绪像细碎的线索一样飞快穿梭。开始想象，梦想，设想，希望着能够通过画笔，将你的未来世界悄悄展现出来。你希望创作一幅独特的作品。“食品安全”是我们生活中一个非常重要的问题。食品安全事关我们的健康和幸福。通过绘画，我们可以向人们传达食品安全的知识和意识。可以让人们更加直观地了解食品安全的重要性，唤起公众对食品安全的关注和重视。古老而神秘的文化，源远流长的艺术。“传统文化”绘画是一扇窥探历史与传承的窗口，不仅是对人类情感和思想的表达，更见证了一个民族的凝聚力和传统价值观的传承。综合运用创造力，想象力，思维能力。结合感知能力训练，鼓励孩子们展现自己的独特创意和风格，并充分尊重他们的个人表达。不要试图干预或指导他们的创作过程，而是给予他们足够的空间和自由。（图 10、图 11）

图 10　命题绘画系列

图 11　命题绘画系列

1. 艺术教育治疗在留守儿童美术教育中的应用

艺术教育治疗是一种通过艺术创作的方式来帮助人们解决心理问题的治疗方法。在留守儿童的美术教育中，艺术教育治疗可以起到很好的应用效果。

首先，艺术教育治疗可以帮助留守儿童释放压力，减轻焦虑情绪。长期留守会给留守儿童带来生活环境的孤独和缺乏关心与爱护的感受，导致他们产生种种不良情绪。艺术教育治疗可以让留守儿童通过绘画、手工等方式来表达自己的情感和想法，从而减轻情绪上的负担。其次，艺术教育可以提高留守儿童的自尊心。艺术创作过程中，留守儿童可以感受到自己的创造力，这对于他们的自信心和自尊心的提高十分有益。此外，艺术教育治疗还可以帮助留守儿童增强社交能力。通过艺术创作，留守儿童可以与其他人互动，交流彼此的想法和感受，从而提高他们的社交技巧和沟通能力。

综上所述，艺术教育治疗在留守儿童美术教育中的应用十分重要。通过艺术手段，留守儿童可以缓解心理问题，提高个人能力和社交技巧，让他们更加自信和积极地面对生活。

2. 科技在留守儿童美术课程中的融入探索

网络艺术平台：留守儿童可以通过将自己的作品上传到网络艺术平台上与其他孩子交流和分享。这样可以让他们感受到来自其他学生的赞赏和鼓励，激发他们的创作热情。

利用智能设备进行绘画教学：可以使用智能设备如平板电脑或平板电视进行美术教学。这样留守儿童可以通过观看教学视频或与老师进行视频通话来学习和交流。

融入艺术创意与科技结合项目：通过将科技与艺术创作相结合，开设一些创作与设计科技的课程，如 3D 打印艺术、智能交互艺术等，让留守儿童能够在创意中学习和娱乐。

（四）活动教学多元化的评价

首先，来自学生的自我反馈。他们表示很高兴能参与美术课堂，教学风格也非常有趣。课程时间虽然有限，但是课堂的知识和技巧让他们受益匪浅。希望以后有更多时间进行创作和与我互动，下面是来自三年级和五年级学生的反馈。（图 12）

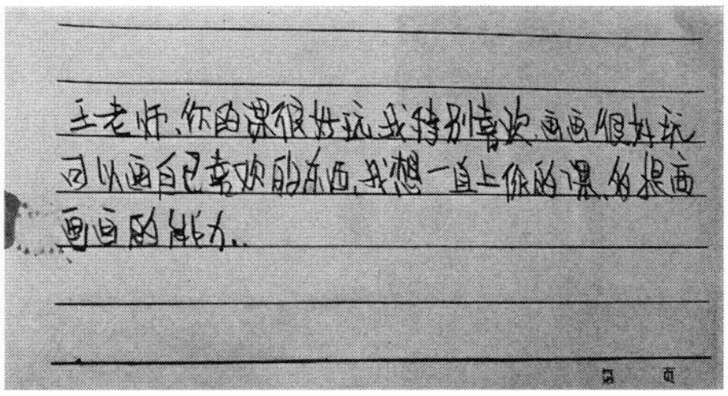

班级：三（1）班

姓名：张歆怡

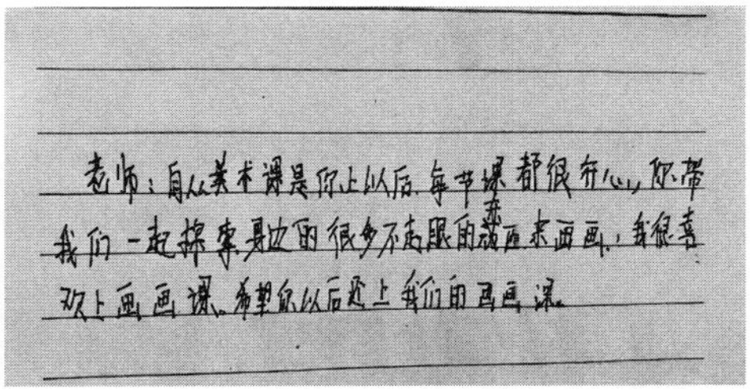

班级：五（1）班

姓名：卢方玉

图 12

其次，是来自其他任课老师的评价。之前那些不爱上美术课的同学呢，现在开始认真听讲了，下课都会到办公室来要求把没画完的画完。真是让老师又惊讶又觉得好玩儿，绘画教学对孩子们有很大的改变，人都变活泼了，也自信了，胆都变大了，不那么内向了。

最后，是教师自我的反馈评价。综合运用设计课程教学实践，对陕南贫困山区留守儿童产生了积极作用，在情感表达、审美意识培养、观察力和注意力提升、创造力和想象力发展以及身心健康方面都具有重要的作用。无论是在教育中还是在日常生活中，美术绘画都能为孩子们带来丰富的体验和认知。也可以与其他学科进行研究性结合学习，培养孩子们的独特思维、视觉感知、交流和表达情感以及创造性思维和解决问题的能力。

四、 结论与展望

(一) 研究结论

新课标的实施在其他学科教学中成效显著，但在农村小学美术教育领域仍未得到充分重视。研究发现，城乡美术教育差距显著，边远地区的美术教育尤为薄弱。本研究通过探讨陕南贫困山区农村留守儿童美术教育面临的困境及对策，取得了一定成果。调查显示，当地农村小学美术教育几近停滞状态，学生接触正规美术教学的机会有限。课程实施结果表明，本研究设计的训练方案对留守儿童的美术素养培养、课堂教学改进及身心发展均产生积极影响，具有重要的实践价值。总之，改善农村小学美术教育现状需要多方协同努力，通过加强师资培训、改善教学条件、深化艺术教育实践，以及促进城乡艺术教育机构合作，才能全面提升农村小学美术教育质量，有效培养学生的艺术素养和创造能力。

（二）对于留守儿童成长教育的启示和建议

美术教育在留守儿童成长过程中具有独特价值。基于研究发现，当前农村小学美术教育主要面临以下问题：首先，师资建设方面，存在农村小学师资力量、专业素质有待提升等问题，需建立长效师资培训机制，提升教师专业能力；其次，当前农村小学的教学环境和设施简陋，制约了美术教育的深入开展，应加大基础设施投入，完善美术教学设备配置；再次，在教育资源方面：农村家庭经济条件有限，艺术资源供给不足，建议建立艺术资源共享平台，拓宽资源获取渠道；最后，农村地区传统的观念对美术教育存在认知偏差，需加强美育价值宣传，转变家长和社会的教育观念。在此希望政府、学校、社会组织和家庭能够共同努力，进一步改善留守儿童美术教育的条件和环境，提高教师的教育水平和专业素养。政府层面，完善政策支持体系，加大教育投入，健全保障机制；学校层面，优化课程设置，加强师资建设，改善教学条件；社会层面，鼓励社会组织参与，开展艺术帮扶项目；家庭层面，重视美育价值，营造良好家庭教育环境。同时，也需要注重培养留守儿童对美术的兴趣和创造力，为他们提供更广阔的发展空间。只有这样，我们才能促使留守儿童充分发展其艺术潜力，提高他们的综合素质和未来的发展。

（三）研究的局限性和未来研究方向

本研究虽然取得了一定成果，但由于调研时间和范围的限制，以及个人研究能力的制约，仍存在诸多不足之处。诸如：1. 调查过程中我们受研究范围、周期和样本特征制约，导致调查区域范围相对狭窄，受访者覆盖面也不甚充足，从而使得所得数据中信息的广度和深度存在明显不足；2. 对于本课题的实施可行性，尚需进一步科学严谨地进行评估与完善。留守儿童问题具有复杂的社会性，需要从经济发展、社会稳定、家庭关系、心理健康等多维度进行综合研究。此乃一项综合性极强的社会问题，在展开可行性研究时，必须兼顾经济的发展状况、社会的和谐稳定、亲人之间的沟通交流以及心理辅导等诸多层面，以期取得更全面深入且具有实际参考价值的成果。

美术教育绝非仅关乎固有观念的演变以及对当下美术基础理论的研究进程。实质上，美术教育的核心理念重在深度挖掘并激发学生个体潜在的创意天赋，倡导多元化与开发性的教学方式，大力培养并提升学生面向实践的操作能力及锐意拓展的创新精神。正是如此，我们才必须审视并深入理解当前美术教育改革已然到了刻不容缓的地步。其次，伴随着现代社会持续深入的发展历程和科学技术日新月异的进步，原有的艺术教育形式已被严重束缚。要想紧跟新时代的步伐，推进艺术教育改革势在必行。在这个过渡过程里，美术教育作为艺术教育大军中的重要力量，承担着独树一帜且沉重的使命。在这个充满了数字信息技术冲击的时代背景下，探讨如何将科技因素融入农村留守儿童的美术课程中去已经到了时不我待的紧要关头。

提出几点建议，比如利用 AI 技术，根据学生的兴趣、风格和水平，推荐适合他们的学习资源、艺术家的作品和学习路径。这样可以帮助学生更好地探索和培养自己的艺术兴趣和风格，提高学习效果和参与度。

利用增强现实（AR）技术，为学生提供实时的视觉效果增强体验。例如，通过 AR 技术将学生的绘画作品在屏幕上呈现出立体、动态的效果，让学生能够更深入地理解和欣赏自己的作品。数字绘画软件、图像编辑软件、三维建模软件等技术工具为学生提供了更多的创作选择和灵活性。学生可以使用这些工具来实现自己的艺术想法，创作出更具创意和独特的作品。

总之，我们应该以更加宏大的视角，更加宽广的视界，努力探寻更新颖的理论思路和教学模式，将美术教育事业推向更加稳定、扎实的发展道路。

我们深信，加大对贫困山区的教育资源配置、建立公平的教育制度、推进教育信息化以及加强教师队伍的建设，倡导家庭教育环境改善，齐心协力创建教育公平。用不懈的努力定会为我们的学生展现出一片更为辉煌、辽阔的艺术天地。

参考文献

[1] 张莉. 绘画治疗在留守儿童美术教育教学中的应用探究 [J]. 教育教学论坛，2019 (16).

[2] 张利平. 农村留守儿童美术教育面临的困境与对策研究 [J]. 佳木斯职业学院学报，2018 (04).

[3] 马多智. 浅议美术课对留守儿童的教育意义 [J]. 美术教育研究，2016 (08).

[4] 龚海燕. 农村留守儿童家庭教育缺失问题研究 [D]. 南昌：江西农业大学，2020：1-6.

[6] 刘冬晔，王文捷. 美术教育在我省贫困地区留守儿童心理疏导中的作用及途径探析 [J]. 大众文艺，2016 (23).

[7] 姚丹丹. 留守儿童的美术教育问题——以赣州白鹭古村为例 [J]. 明日风尚，2016 (16).

[8] 刘达. 吉林省农村小学美术课程现状及对策研究 [D]. 长春：长春师范大学，2017：2-6.

[9] 孙宁. 地方美术课程资源的开发和利用——基于教学实效性视角 [J]. 牡丹江教育学院学报，2015 (02).

[10] 杨颖芮. 红河县少数民族留守儿童美术教育问题研究 [D]. 昆明：云南师范大学，2020：4-9.

[11] 李志珊. 绘画治疗在留守儿童美术教育教学中的应用与探究 [D]. 南宁：广西民族大学，2017：5-10.

[12] 陈艳彬. 青冈农村小学留守儿童的课堂美术教育 [D]. 哈尔滨：哈尔滨师范大学，2017：6-12.

[13] 郝静. 家庭教育与农村留守儿童发展研究 [J]. 晋阳学刊，2023 (05).

[14] 汤磊. 宁夏美术特色资源引入美术校本课程研究 [D]. 贵阳：贵州师范大学，2019：7-13.

[15] 张亚苹. 论美术教育在农村留守儿童健康成长过程中的导向作用 [D]. 石家庄：河北师

范大学，2018：7-14.

[16] [1] Yuhan L. Status and Countermeasures of Art Education in Primary and Secondary Schools in Ethnic Minority Areas [J]. Pacific International Journal，2023，6 (2).

[17] Li M，Li J. Exploration of Evaluation Methods of Art Education in Primary School [J]. Art and Design，2023，6 (5).

[18] Shang R，Wen X. The Present Situation and Reflection of Dance Art Education for Children in Villages and Towns——Take Duping Primary School of Zhaoqing City as an example [C] //Institute of Management Science and Industrial Engineering，2019.

[19] Ren X，Li H. Research on Primary and Secondary Schools' Art Education in Rural Areas Against the Background of Regional Ethnic Groups A Case Study of the Second Secondary School of Fengyi Town in Dali City [C] //Russian State Specialized Academy of Arts (Russia)，International Science and Culture Center for Academic Contacts (Russia)，2019.

[20] W. Reid Hastie. Art Education [M]. Chicago：Printed in the United States of America，1965.

治疗性美术教育辅助改善孤独症儿童人际交往能力的个案研究

黄辰杰①

【摘要】 美育，是人类打开心灵窗户不可缺少的工程。随着近年来美术教育的飞速发展，将美术教育融入特殊儿童的治疗中，辅助其能力提升的成功案例屡见不鲜。本研究借鉴治疗性美术教育中的绘画治疗，选取N市A机构两名适龄儿童为对象，运用自然绘画法对辅助改善孤独症儿童人际交往能力方面展开初步的研究。研究过程中，笔者发现在自由绘画时孤独症儿童更加放松也更加容易交流，容易发泄情绪从而突破封闭状态，笔者认为可以通过治疗性美术教育辅助改善孤独症儿童的人际交往能力。

【关键词】 治疗性美术教育；孤独症；人际交往障碍

一、绪论

（一）研究背景

我国对于自闭症（现称“孤独症”）的研究起步较晚，发展相对较为缓慢。2014年，中国教育学会家庭教育专业委员会宣布成立“自闭症指导中

① 黄辰杰，时为南京特殊教育师范学院学生。

心”，彩鹿儿童行为矫正中心与新华社公益社联合发布《中国自闭症儿童发展报告》，第一份全面介绍中国孤独症儿童现状的行业报告现世。中国公益研究院2014年4月1日发布的《中国自闭症儿童现状分析报告》中显示，我国孤独症患者数量约为164万人，儿童孤独症已经占据了我国精神疾病的首位。2016年《中国自闭症教育康复行业发展状况报告》在北京发布。报告中数据显示，我国孤独症患病率约为1%，孤独症患者总数已经超过1 000万人。2017年发布的《中国自闭症儿童发展报告》数据显示，我国0～14岁的孤独症儿童超过300万。根据2019年《残疾人事业发展统计公报》，截至2019年底，中国共有2 238家机构为孤独症儿童提供干预服务。2021年的“两会”期间，上海市妇联兼职副主席黄绮提出了为孤独症患者准备专门特殊教育机会的想法；多位全国政协委员及人大代表也就孤独症患者家庭面临的迫切需求发声，建议将孤独症早期筛查纳入儿童常规检查、提高对孤独症儿童的救助标准等，这些都表明国家对孤独症患者的治疗及未来发展愈加重视。但笔者通过搜集大量文献资料，发现现有文献资料中围绕音乐、舞蹈、游戏治疗等肢体运动方面的实践案例较多。笔者作为一名美术生，比较擅长以绘画的方式疏解负面情绪，在特殊教育机构实习期间，接触到很多对绘画较感兴趣的孤独症儿童，在仔细了解了该机构的美术课程对于孤独症儿童的康复功效后，想尝试以治疗性美术教育去帮助孤独症儿童发泄情绪、打破其自我封闭状态，以绘画为媒介帮助其提升人际交往能力。

（二）研究意义

本文旨在探究通过自然绘画法辅助提升孤独症儿童的沟通能力，改善孤独症儿童沟通外界的方式，引导其进行自我觉察与调控情绪，增进他们的理解力和洞察力，进而帮助孤独症儿童完善他们的人格结构，提升他们的生命价值及社会沟通交流方式。笔者主要通过感知、体验、认知、创作等方法帮助孤独症儿童逐步打破自我封闭状态，以绘画的形式表达自己，同时辅助孤独症儿童提升人际交往能力。

（三）国内外研究现状

1. 国外研究现状

随着1943年国际上首个专门针对孤独症孩子的调查报告《情感交流的自闭症性障碍》的发表，以美国为代表的欧美国家逐渐开始了对孤独症儿童的深入探索。随着孤独症儿童人数的不断增加，许多城市相继成立了专为孤独症儿童服务的康复训练机构，并成为孤独症儿童康复训练的主要阵地。同时也非常重视对幼儿康复中心的健康环境建设，对康复中心内部空间环境加以创新改建，把大自然纳入健康设施之中，并围绕着园林、医疗、教育学等几门科目，设置了可以帮助诊断、科学地干预疾病发展的儿童健康花园。伦敦的许多普通高等院校也都纷纷成立了资源中心并有专门承担特殊教育的评估和计划培训机构。伦敦目前对残疾儿童早期干预模式和治疗机制所呈现的多样化，是其他不少发达国家无可比拟的。

美国政府的法律条文中明确规定，州政府需在为一般孩子进行幼儿教育服务的同时，也要为有发展障碍的孩子提供适当的幼儿教育保障服务。还规定大学也需为有发展障碍的孩子在基础教育课程上进行必要的调整。在将医疗、心理学和教育学三方面的影响有机地结合后，包括有附设于公立医院的康复中心、私立康复中心和特殊教育学院的康复中心，甚至连一些专门设立特殊行为心理学科的院校，也纷纷设立了附属机构。而日本的孤独症儿童教育康复工作主要是在社会福利、医学、精神卫生等各行政部门共同协调下开展的。政府还将为儿童康复训练机构配置一个大型的儿童康复训练设施和活动场所，可以更好地将儿童康复训练计划与医疗环境相结合。

2. 国内研究现状

我国目前还没有正式将治疗性美术教育作为一门独立的专业学科来设立，但近几年治疗性美术教育在国内专为特殊儿童服务的特教学校与康复机构逐渐展开，大量艺术家、美术教育人士和心理学家加入了将美术治疗结合本土情况的实践探索。2005年中央美术学院开设了艺术治疗研究室，由心理学博士孟沛欣负责，重点引进了艺术疗法的理念与研究方法，进行实验性的实践研究和相关研究的评价工作。2007年华东师范大学艺术系钱初熹主持展开了少年儿童心理健康绘画检测工具的研发及相关课题研究。近年来上海、重庆、广州、南京等地医院的精神科也都有进行实验性的探索，一些特殊学校和机构开始出现较为完整的美术治疗案例。如2021年罗平老师在《绘本在智障儿童美术教学中的实践应用探究》总详细解析了绘画课本融入智障儿童美术教学课堂，探索智障儿童美术绘本教育的方式和方法、探究对智障儿童美术教育的应用价值及其课程设计。2022年张艳老师在《融合教育背景下适用于自闭症儿童的小学美术教学个案研究》中以绘画兴趣为基础，通过干预研究辅助改善孤独症儿童在学校融合过程中出现的问题行为和沟通能力，以促进其社会性的发展，改善孤独症儿童与同学、老师间的关系。卜凡帅老师的《自闭症幼儿图画书社会信息注意特征及教育干预研究》、王楠老师的《基于绘画治疗的自闭症儿童情绪表达辅导个案研究》、李梅老师的《艺术治疗介入自闭症儿童兴趣培养实践报告》都印证了美术疗法在我国的开展历程。

二、 相关概念界定

（一）孤独症儿童

孤独症儿童一般是指患有孤独症的儿童，孤独症是广泛性发育障碍的一种亚型，发病性别比例中男性较多，主要表现为不同程度的言语发育障碍（语言发育情况远远不如同龄人，3岁左右依旧无法说出完整的词语或简单句子，也无法通过肢体语言正确表达自己的情绪和需求）、社会交往障碍（通常会表现为对身边的人、事、物漠不关心，缺乏与外界的沟通交流，基本不会表露正常情感，也缺乏需求表达或适度依赖）、兴趣狭窄和行为方式刻板（缺乏对于大部分人事物的关注及兴趣，会固执地保持一些生活习惯程序，维持着特定的流程不能被轻易改变）等。约有四分之三的患者伴有明显的精神发育迟滞，部分患儿在一般性智力落后的背景下某方面具有较好的能力。

第二次全国残疾人抽样调查结果显示，我国 0～6 岁精神残疾（含多重）儿童约占 0～6 岁儿童总数的 1.10%，其中孤独症导致的精神残疾儿童占到 36.9%，约为 4.1 万人。根据国内各医院评估统计，孤独症的发病率为 2%～3%，其包括中真性孤独症与假性孤独症，而真性孤独症的占比低于 0.2%，假性孤独症占比超过 99.8%。假性孤独症包括脑发育滞后、语言天赋弱、阿斯佩格综合征、观察力与感知力弱的、胆量特别小的、兴奋度过高等，部分孩子会存在两项以上问题。但迄今为止，儿童孤独症治疗尚无特效药，教育与康复训练是目前中国患儿家长能接触到的唯一的矫治途径。

（二）治疗性美术教育

自 1885 年起，一些来自德国、挪威、法国和英国的心理医师、教育学家和艺术史学家开始搜集和整理儿童美术作品作为儿童研究的参考，他们相继发现绘画作品可以反映儿童不同发展阶段的特点，展示儿童成长的有序性。因此推动了绘画测验评估特殊儿童发展状况的实践研究，涌现出大量将绘画用于儿童治疗诊断的临床实践，美术用于特殊儿童的治疗活动随之蔓延开来。

1947 年，罗恩菲德在美术促进特殊儿童心智成长的研究成果中，着重阐述了治疗性美术教育的意义与功用，首次提出“艺术教育治疗”的观点，运用治疗性美术教育发展每个人的潜在创造力，以辅助特殊儿童通过发展现有的认知渠道，适应并解决主观以及客观障碍造成的环境隔离问题，使教育者从当事人所出现的障碍本身入手，在发展其自身能力的基础上，寻求消除隔离状况的调整方式，从而进行消解或提高自身与周围环境隔离程度的艺术教育干预。在此期间，蒙台梭利、赫伯里德等一些教育工作者又分别从促进孩子全面智能的观点入手，找寻具有促进孩子身心健康发展的治疗式美术教学，使美术在小学教育中的作用出现了变化。

治疗性美术教育作为一种新兴的艺术治疗方法，可以辅助当事人表达出一些难以言表的负面的情绪，通过调整身心状态，用积极健康的方式解决在工作中无法宣泄的负面能量从而形成良性的社交效果。绘画作为一种非文字的交流载体，应用于治疗性美术教育中，能够帮助当事人借助作品分析潜意识中的想法，并增加当事人自我审视的可能性。学生在进行治疗性美术教育活动中通过非语言的沟通方式以及独特的象征符号表现出自己内心中隐藏的内容，可以透过画面更深层次地解析自己，通过适当的方法发泄心中潜藏的内容，以达到改善心理健康状态的作用。在教育领域中运用治疗性美术教育的理论，借鉴治疗性美术教育实践中得到的经验，教育治疗相结合，能在使孤独症儿童的人格获得稳定的基础上，极大地促进了孤独症儿童的学习，对其教育效果产生积极的影响。

三、运用自然绘画法在特殊美术教育中的研究过程

（一）研究前期准备工作

1. 研究对象的选择

本次试验的取样是由儿童孤独症康复中心询问家长意见、征得家长同意后笔者选择的两名患有儿童孤独症的儿童（表 1）。笔者与该孤独症儿童的个训老师共同参与，保证了试验的专业性与安全性。

表 1　个案基本情况

个案基本情况		
代称	W	Z
年龄	7 岁 2 个月	6 岁 4 个月
实际发展年龄	4 岁	3 岁—3 岁半
障碍类别	社交障碍	孤独症

续表

现状	母亲接送较多，与父母同住，但较依赖母亲。双手配合能力较好。可以辨认常见的物体，语言理解能力较弱。大肌肉运动技能较弱，但适应能力较强，情绪多变但正向情绪较多，坚持度较低，注意力易分散。	与爷爷奶奶、父母同住，爷爷接送较多，早上送来时会情绪极不稳定，发脾气时喜欢趴地上，语言交流能力较差，模仿能力强，上课时注意力较集中。手眼协调能力强，可以独立给线描图案上色。

前期调查了解

个案 W：比较喜欢涂鸦时带来的运动感，课堂讲授中会经常存在离开座位、拍打桌子等问题行为，一般只有在绘画时才能保持较长时间安静地坐在自己位置上不乱动，不会主动找寻老师拿取的工具材料，老师分发材料时给的画笔 W 可以一直用同一个颜色，其间无任何语言交流。画面完成后老师询问 W，他经常会忘记某画面为什么存在，存在无意识的行为，作画过程中比较放松并偏向于无意识的自由涂鸦，享受涂鸦带来的感受。

个案 Z：喜欢界内涂色，还比较喜欢尝试搭配不同的颜色，课堂讲授中比较安静，不会随意下位乱动但喜欢经常发呆放空，绘画时喜欢挑选材料，如果选到不太符合预期的颜色就极易情绪失控，需要在生气前及时发现并转移其注意力。画画时难以沟通交流，完全沉浸于自己的世界中，画完后看心情有时会主动向同学、老师单方面分享，不会回答老师提问，也不与同学交流讨论。

2. 研究方法——自然绘画法

自然绘画法是一种发展式、认知式治疗性美术教育技术，通过绘画促进障碍儿童心智成长，推进特殊儿童整体感知和领悟的自性化进程，实现升华和潜能开发的康复干预方法。该技术可以将创造性活动应用于发展障碍儿童的思考能力，辅助停滞在发展期中某一阶段的儿童突破自己的封闭状态，拓展经验范围。它是以当事人自发感知和教师引导的互动形式，协助障碍儿童借助现有的感知能力发展自我整体能力的教育治疗方法，通过刺激大脑右半球的思维意识活动增进潜能，开发利用本能的直觉结构，帮助特殊儿童从较低发展阶段逐渐发展到较高阶段，以此提高特殊儿童整体能力，改善其整体障碍状况，增进社会交往能力和适应性。

自然绘画法可以处理心理干预中的移情问题，改善障碍儿童认知外界的方式，增进他们的理解力和洞察力，进而完善他们的人格结构，是教育干预的主要方式之一。它对治疗师的艺术素养要求最高，不仅要有美术心理和视觉感知的能力，还要具备一定的美术创作与技能训练能力，才能实施相应的美术教育干预，是适用于各类残障儿童的自然康复方法。生活中比较容易展开的一般是自发性绘画和指导式绘画。

（1） 自发性绘画

自发性是指由当事人自行开始，具有感知和自我探索特点的行为。自然绘画中的自发性绘画则是借助艺术媒材，充分调动儿童视觉、听觉和触觉感官，尝试感知和表现的绘画方法。它是关注当事人意象产生，借助形象思维刺激右脑运作，从而带动其自发性绘画行为的干预技术。在实施干预时，治疗师要消除当事人的抗拒情绪，与之建立良性的联盟关系，才能展开具有引导作用的促发方式。通常以感知绘画和体验绘画（表 2、表 3）开展实践活动。

表 2　感知绘画

类型	感知绘画
材料	感知媒介（声音媒材/视觉媒材等）和表现媒材（素描纸、水彩笔、油画棒等）
程序	运用感知媒材作为刺激意象的干预介质，提供相应的表现媒材供当事人选择，通过整个“环境场”营造氛围，让当事人进入其间，给予当事人充分的活动和选择自由，激发当事人感知经验的出现。
目的	运用艺术媒材刺激儿童感知觉的发育。

表 3　体验绘画

类型	体验绘画
材料	感知媒材（触觉媒材/视觉媒材等）和表现媒材（素描纸、水彩笔、油画棒等）
程序	运用感知媒材刺激当事人进行象征性联想，提供可选择的表现媒材，让当事人充分把玩和接触媒材，调动当事人的内在体验，让当事人选择工具表现体验到的感受，可以充分发挥想象。
目的	运用绘画活动调动当事人内在联觉的运作，增进思维分辨和信息处理。

（2）指导式绘画

指导式绘画是由实施者参与当事人的感知和体验，通过控制和调节当事人的感知方式，指导当事人增进有意识体验，影响当事人感受进程的教育干预方法。在指导中，治疗师不参与当事人的绘画表现，只是充分调动当事人眼睛、耳朵和触觉感官的尝试认知，通过有意识地引导当事人察觉感受，建构自己的心智运转机制。通过内化作用，推进当事人认知能力的提升，促进其感知和表现的整体发展，实现教育干预目的。通常以认知绘画（表 4）和创作绘画（表 5）开展实践活动。

表 4　认知绘画

类型	认知绘画
材料	素描纸、水彩笔、油画棒等
程序	引领当事人面对实际的物体进行观察体验，可以鼓励当事人运用触摸、观看等感知方式全面了解真实物体的质地、形状等外在形态，指导当事人对自己感受到的知觉信息进行分辨，提供可选择的绘画媒材，让当事人边感受边进行绘画尝试，实施者在旁进行感知辅导。
目的	推进直觉的整体觉察，发展当事人现有的知觉能力，促进其知觉发育，推进当事人的发展进程。

表 5　创作绘画

类型	创作绘画
材料	素描纸、水彩笔、勾线笔（马克笔、油性笔等）、颜料等
程序	指导当事人从真实感受出发、从发现到联想，调动其主动选择感知内容进行画面组织，强化对感知内容的信息处理和判断。并引导当事人选择任何可以感知的实际内容去组织联想的创作尝试。
目的	重在借助绘画创作协助当事人进行感知探索和形象思维，通过外界的感觉认知，建构属于当事人自己的感知和思维系统，促进意识成熟。

(二) 初步研究方案

1. 第一阶段——感知绘画

运用音乐媒材，刺激儿童听觉器官，使 W、Z 进行自发性绘画，其间运用语言跟随的方式帮助儿童发现其创作过程中的行为，及时交流并引导他感知自己的情绪状态，刺激他的体察感受以及对简单词句的理解能力。使用学生较为喜欢的自由涂鸦结合课程《风》的内容，感受风的存在与寻找风，通过多媒体播放各种风的声音，如微风、狂风暴雨，龙卷风等，绘画时不断提出不同的小问题，有利于维持学生的注意力集中。跟随学生思路并引导其不断思考并回答，帮助其增强简单语句的沟通交流能力。

2. 第二阶段——感知绘画与认知绘画交叉进行

延续感知绘画，体会不同形状的特点，让 W、Z 感受我们生活中存在的圆形、方形、三角形等，如圆形的葡萄、橘子，方形的文具盒、黑板，三角形的小旗子、三明治，以图片展示与个别实物相结合，调动 W、Z 的内在体验，使之选择美术工具并以绘画的形式表现出自己体会到的感受。

增加认知内容，一方面引导 W、Z 关注自己所绘制出的心象形式，刺激其再体验、再分辨的内心感受。另一方面，引导学生关注视觉形象与自己绘制图形间的相似性，鼓励他们依据自己画出的符号及形状在身边寻找对应物体，并鼓励有意识地对应尝试表达，让他根据画出的内容进行联想和组织。

3. 第三阶段——认知绘画

让W、Z以具体实物、人物为素材，对身边朋友进行观察发现，如观察同桌有什么样的特征（戴不戴眼镜、长头发还是短头发、五官特点等）或他们今天穿了什么衣服、有没有戴帽子等，不断引导W、Z与同年龄段的同学交流沟通，在绘画过程中向他描述作为观察者发现的无意识行为，协助其觉察自我行为，采用问答的互动方式，提高儿童的语言理解及表达能力，帮助其突破自我封闭状态，增加与外界的沟通交流。

（三）自然绘画法在特殊美术教育中的干预过程

因为阶段的调整以绘制一幅完整的作品为基准，所以案例展示就依据作品来呈现。

1. 感知绘画阶段作品（图1、图2）

图1　W作品

图2　Z作品

材料： 水彩笔、八开白色素描纸

参与人： 机构美术教师、笔者、W、Z

时间： 14:00—16:00

地点： 个训室

活动情况描述： 笔者首先展示了有关风的图片，让学生在图片中观察风的痕迹，此环节W的兴趣较小，在座位上东张西望；Z注意力较为集中，对不同图片内容好奇较重，在笔者请他回答问题时会出现结巴的情况。笔者拿出准备好的扇子，请学生感受扇子带来的风时，W 表现比较冷淡，再三追问下只回答了“扇子有风”；Z 比较开心，直接伸手去抓扇子想要自己玩。

在播放龙卷风声音视频后，笔者邀请学生来想象一下龙卷风画面及带来的影响时，W、Z 都比较有兴趣，可以集中注意力思考并与笔者交流，如笔者问：“那你觉得龙卷风出现时是什么样子的呢?”W：“可能天很黑，很多房子会在天上，能看到一个黑色的大陀螺。”他可以使用简短的词句慢慢表达出自己想画的画面。Z：“有大漩涡，有树，有草地。”

在引导学生绘制画面时，笔者选择了两位儿童都反应较大、较为感兴趣的龙卷风，但是开始绘画后，笔者先给了 W 一支蓝色的水彩笔，W 也并没有对颜色有什么特别反应，并没有找寻笔者换支刚刚提到的黑色，拿着蓝色笔心情还不错的直接开始画龙卷风。但当笔者发现他画到超过纸张面积约二分之一时依旧在涂龙卷风，笔者坐在 W 身边以轻松好奇的语气询问 W 在画什么，他回答在画龙卷风。但他并没有想换一支水彩笔或者画想象中的房子和其他物体。但当笔者提出这个龙卷风已经很大了，我们一起换一种颜色画画其他物体时，W 也没有产生抗拒行为，只是又加大了一些龙卷风的面积后随意换了种颜色在空白处填涂灰色的一块，笔者起先认为是乌云，询问他，“你在这里准备画几朵乌云嘛”，W 摇摇头，但当笔者接着询问时，W 也不太能形容出具体物体是什么。笔者慢慢引导 W 回忆我们刚刚想象中是不是还有被龙卷风吹在天上的房子，我们换个你喜欢的颜色画几个房子在画面上好不好，W 主动向笔者说出了要黄色，但在画面中表现房子的时候，W 不太能控制房子的具体形态，也没有主动向笔者寻求帮助，只以几根连续来回折叠的长直线以及绕圈弯曲的线段组成其想象中房子被吹上天的画面。期间，笔者有发出询问，但 W 没有回复。在他用黄色线条画完后说他画的是房子。笔者询问那这张画面上你还想加点什么时，拿起橙色画笔加了一排圈圈，但笔者询问这是什么时，W 想了很久才回答是球，他只是听笔者的话加了些东西，但并没有意识到具体物体以及跟画面主题内容有没有关系。随后笔者请W想我们房子旁边一般会有什么东西时，W回答有树，并准备直接拿橙色的水彩笔继续画，笔者询问他要不要换种颜色，用代表树的颜色来画好不好时，W就拿了支绿色水彩笔开始画树，但连续画了几棵后图形符号开始出现无意识的变化。笔者在W连续出现多个不同符号后提示其现在是在画树，但W情绪开始有些抗拒并拒绝继续作画，画面到此为止。

Z的绘画过程比较顺利，选择画笔时没有犹豫就拿起了黑色水彩笔开始画漩涡，连续画出三个漩涡后，笔者想引导Z继续细化一下龙卷风时，Z出现了明显的抗拒情绪很不开心，放下了水彩笔也没有回答笔者的话。笔者暂停对于龙卷风的问题，转移话题说看到柜子上面的一盆绿植，并邀请Z休息一下抬头看看，顺势提出："刚刚好像有同学说画面里面有树有草地会更好看，刚好可以补上纸张空空的地方，你来试试吗?"Z拿了一支绿色的水彩笔添上了几棵植物。但在画完植物后Z的耐心也到达了临界点，笔者给予休息三分钟后再次尝试引导其用不同颜色画笔添加物体时受到了较为强烈的抵触情绪。不管笔者安抚或是设置零食、贴画奖励，Z都不愿意再继续绘制画面，也拒绝与笔者沟通交流，只一味地沉浸在自己的世界中。

活动总结与调整：

自我觉察方面，W绘画过程多半是无意义的自由涂鸦，后期在笔者引导下，慢慢出现代表具体物体的符号。Z能意识到自己的行为，可能与笔者相处时间较短，还有些拘谨，交流难度较大。

对于沟通方面，绘画中对W使用循序渐进提问的方式，偶尔可以停下来回答，多半还是低头画画，画面完成后也不喜欢与他人分享。Z沉浸于自己的世界中，难以互动交流、拘谨，有近一半问题不回答或者以摇头代替，摇头时也难以区分表达的意思是不知道、不会还是不想回答。但暂时没有出现随意下位、拍手等其他问题行为，听教师上课时注意力有比较集中，可一旦沉入自己的思维世界中就无法沟通，类似于发呆。

调整：增加可供选择的绘画材料与纸张形状、增加比较随意简单的问题帮助Z更加放松、减少对于W的注视并在其绘画时也拿张纸绘画。

2. 感知与认知交叉绘画阶段作品（图3、图4）

图3　W作品

图4　Z作品

材料： 水彩笔、油画棒、八开白色素描纸、剪刀

参与人： 机构美术教师、笔者、W、Z

时间： 14:00—16:00

地点： 个训室

活动情况描述： 课程中让儿童尝试触摸不同形状的物体，辨别物体的几何形。首先笔者展示准备好的橘子、三角板、文具盒并请学生说出这些物体都是什么形状？有什么特点？W对触摸形状兴趣较大，会主动伸手拿取物体，但在辨别不清形状时比较焦躁，偶有下座位跑动的行为。Z对于颜色较丰富的文具盒兴趣较大，拿到手后就抓着没放手，直到老师以命令式语气发话才将教具交还。引导学生通过形状联想其他物体时，W的思维较灵活，能联想到很多东西，但偶尔会辨析不清对应的形状，如将粽子归为圆形一类、把椭圆形的西瓜归为方形。Z的认知储备内容略有欠缺，列举不出其他物体，但笔者尝试请Z帮忙给教室现有的开关、桌面、挂钟分门别类时，Z很准确地说出了对应形状。

在绘画过程中，W 对画笔材料的选择依旧不是很在意，笔者尝试将水彩笔和油画棒都放在其面前，油画棒的位置稍近一些，W 没有犹豫就拿了离自己最近的油画棒。绘画过程中画完一个物体也是在笔者提示下，要不要再换一种颜色时才会放下手中的笔随机选择一个，对颜色的搭配比较随机，不是很在意。

W 在绘画中逐渐开始寻求帮助，在房子屋顶画不好时停下来看笔者，会出现拍打桌子或者下位乱跑、躺在地上下的问题行为。需要笔者主动询问怎么了或者以命令式的语句使 W 归位坐下后才会指着房顶说画错了，对于画面出现错误时反应较大，情绪极不稳定，在笔者协助下修改错误后才慢慢平静下来。Z 还是保持安静独立作画，自己挑选了一支黑色油画棒开始先画房子外轮廓，看 Z 画完外轮廓线后，笔者顺势提出要不要加一点装饰，Z 没有抗拒停下来想了大约十秒钟，说“可以加”，在填涂完房子颜色后 Z 开始发呆，笔者轻敲桌面回神后继续拿蓝色油画棒画了云朵，画完云朵后又开始发呆，笔者询问怎么了，Z 才向笔者说不知道画什么，笔者建议加几棵树怎么样，Z 点点头开始画树。当 Z 放下笔抬头眼神再次离开画面时，笔者主动开始引导小 Z，“哇，我们小 Z 同学画的树好好看呀，上面结了红红的大苹果，但老师感觉我们小树旁边是不是空空的，有点孤单，要是能有一些小花小草陪陪它，它一定会很开心。”Z 想了想说：“小草。”随后挑选了绿色油画棒开始画小草。

活动总结与调整：

自我觉察与认知方面：活动干预后基本能成功分辨四种几何形状，偶有失误也能在笔者的再次询问下修正。通过不断提问吸引注意力，W 基本能意识到自己的行为，画面物体轮廓清晰、线条较干脆果断，对 W 来说进步较大。

沟通方面： W 喜欢绘制连续的长线条，画面中浅浅的蓝色长线条表现的是风，在画长线条时 W 状态是整个画画过程中最开心的，在引导 W 对话交流过程中有关这个风的问题回答比较积极，会多说几句。Z 绘画过程中没有特别开心的时候，总体情绪较为平稳，对于笔者在绘制过程中的提问没有明显的抗拒情绪，偶尔会以简单的字句来回答。

调整：此阶段总体来说较为顺利，活动干预后 W 的变化也较为明显，只是在选择材料方面 W 对于小巧纸张的兴趣更大，所以第三阶段笔者加入了正方形彩色折纸。

3. 认知绘画阶段作品（图 5）

图 5　左侧为 Z 作品　右侧为 W 作品

材料： 水彩笔、油画棒、八开白色素描纸、正方形彩色折纸

参与人： 机构美术教师、笔者、W、Z

时间： 14:00—16:00

地点： 个训室

活动情况描述： 首先笔者展示人物图片，邀请学生观察有什么特点，是男的还是女的、长发还是短发、有没有戴眼镜、穿什么颜色的衣服等等，刚开始两位同学的反应都不是很积极，笔者介绍完特点后换了张衣服颜色较多、金色头发的人物图片，Z 比较有兴趣，从座位上站了起来，笔者请他描述一下，Z：“黄头发，戴眼镜，穿橙色衣服，蓝裤子。”Z 观察描述得比较完整，进步很大。W 对于此环节兴趣不是很大，对观察同学的兴趣较大，笔者请学生看看我们教室里的人物都有哪些特点，W 比较积极主动找 Z 互动交流。W

对于画笔材料方面依旧不是很感兴趣，对颜色上面逐渐有了自主的选择与搭配，不再是随机拿到哪个颜色就用，开始主动向笔者寻求帮助，如 W 停下手中笔静坐在桌前，会等笔者看向他时才会说“想要蓝色的笔”。

绘画过程中明显有了很大的进步，画面开始出现有意义的人物象征符号，有明确的头部、身体躯干以及衣服装饰。W 在描绘衣饰过程中还会主动与同桌交流，询问你肩膀上鼓鼓的那个是什么，得到同桌回答是泡泡袖之后，征询同桌意见选择了与头发相一致的黑色。在基本特征画完时，笔者请 W 的同桌评价一下画面的优点，同桌比较喜欢小公主类饰品，因此在同桌的话语指导下，W 又在画面上添加了魔法棒和皇冠。画面中运用的颜色也逐渐丰富，有意识地寻找恰当的颜色进行搭配。在此过程中，能明显感觉 W 在与同桌沟通交流时的情绪是比较开心的。

图片左侧作品主要人物是象征 Z 的父母，笔者也只在 Z 绘制过程中循序渐进地引导其画出内在心理感知形象，经过这段时间的相处 Z 状态更加放松，会开始回答笔者所提出的问题，在更换黑色的彩笔时抬头说：“我爸爸天天都穿黑色的衣服，好凶。”但再画妈妈的形象时出现了颜色选择失误，用笔勾画完轮廓线就觉得妈妈这个颜色好难看，放下画笔从座位上站了起来说不要这张了，笔者没有转移其注意力稳定情绪，直接告诉 Z 很好看，只要好好画完你就是最厉害的小朋友。Z 虽然不开心但还是重新坐下填涂完了颜色。

W 已经可以不需要笔者引导就会主动分享自己的画面内容以及用了哪种颜色填涂的物体。与笔者和同学的沟通交流越来越自然频繁，虽然注意力还是很难长时间集中，但情绪比较稳定，拍打桌子和离开座位的问题行为出现次数有了明显下降，会偶尔在课堂中插话来表达自己的需求。Z 在其他同学分享作品时也能开始主动提出自己的问题与疑惑，表达出内心的想法，能回答出在一列作品中最喜欢的是哪张画面以及为什么喜欢它，哪里比较好等问题。

活动总结：

在行为方面：W 注意力集中时间有明显增长，问题行为出现次数明显降低。Z 的情绪反应也小了很多，基本不会出现躺地上不起来的情况。两名学生都有较大进步。

沟通方面：W 可以主动提出简单问题，与同班同学交流互动，展评阶段主动与同学分享讨论自己的画面。Z 也逐渐开始表达自己的想法，与同学交流的次数增加。

（四）运用自然绘画法的干预效果与研究总结

笔者研究的个案变化情况主要选取了记录中 W、Z 阶段变化较为明显的三次课程画面来展示，运用了自然绘画法辅助提升孤独症儿童的沟通能力，引导其进行自我觉察与调控情绪，增进他们的理解力和洞察力，进而帮助孤独症儿童完善他们的人格结构、提升正向生命能量，以此增加主客体之间的交流，干预其封闭的意识状况。

该实践主要通过感知、体验、认知、创作等绘画方法帮助孤独症儿童增加与外界沟通交流的途径，以画面为基础分阶段逐步引导儿童从感知觉的表现绘画、体验绘画再到观察、认知绘画，逐步提高绘制难度以及提问频率，帮助儿童运用绘画的形式放松情绪、突破自我封闭状态，在不经意间增加沟通交流，潜移默化地提高儿童的语言理解和语言表达能力。回看研究全程，从研究前期 W 的随意取材无意识的绘画和从不开口交流，到研究末尾可以通过绘画打开话题与笔者和同学进行交流讨论、主动分享自己的作品。Z 在开始时只沉浸于自己的世界，情绪极不稳定，到现在慢慢不抗拒被打扰并以简单的字词回应。

实践观察发现，W 和 Z 在经过三个多月的治疗性美术教育干预后，都有正向发展，语言沟通能力、社会交往能力相对自身来说都有了显著的提高。证明了治疗性美术教育对辅助改善孤独症儿童的人际交往能力起到了积极的推动作用。

但必须说明的是：两名儿童的自然生活状态不是完全隔绝的单一状态，他们的整体生活还包括家庭生活、学校生活的环境因素等内容，不仅只有美术教育这单一的干预内容，本研究不排除那些无法估量的影响因素。

四、 研究反思与展望

（一）研究反思

对于本次研究，笔者从开始学习治疗性美术教育理论，到结合实际将治疗性美术教育融入日常美术课程，最后将治疗性美术教育活动实施于孤独症儿童，经历了很长一段时间。在这段时间中，笔者从刚到达机构时的不知所措，完全不知道怎么与孤独症儿童交流，对他们的表现行为也是一头雾水，到慢慢跟班观察他们的课堂行为反应以及在指导老师的帮助下逐渐找到治疗方法并展开研究，笔者在此过程中获益良多对于治疗性美术教育方面也有了实践性的理解。

虽然笔者在展开研究活动之前，向机构多名指导老师借阅了大量实践计划书，并进行过多方面的资料搜集与研究，结合机构学生的真实水平设计了研究方案，但由于在研究过程中对于运用多种媒材辅助改善孤独症儿童人际交往能力方面略有欠缺，导致有些环节的进行没有预期的那么顺利。幸运的是在实习指导教师的帮助下笔者及时做出了相应的调整，使得最终能够按质按量地完成此次干预。

本次研究活动中笔者更侧重于与儿童的沟通交流方面，课程中多是以油画棒、水彩笔完成画面，学生对于使用材料的兴趣不是很大，颜色选择比较单一，色彩搭配方面比较随意，多半是老师拿出什么颜色就直接用基本没有自己的想法，艺术表现形式也过于单一，没有兼顾材料选择的丰富性。笔者对此略有遗憾，希望以后有机会还可以多尝试不同媒介对于孤独症儿童人际交往能力的辅助效果。

（二）研究展望

笔者发现自然绘画法可以在一定程度上辅助改善孤独症儿童的人际交往能力，如果能在此基础上融入综合游戏法或使用更多的媒材，以水拓画形式、褶皱纸、黏土等美术材料，让学生不单单通过纸笔绘画的方式，联通嗅觉、触觉、味觉、听觉和视觉，辅助学生加深对于外部环境的感知，帮助孤独症儿童发泄情绪、突破自我封闭状态，增长正向生命能量，多元素的加入或许更容易展开交流讨论，以改善孤独症儿童的人际交往能力。

本研究由于时间、规模的限制，只选取了两名较有代表性且喜欢画画的典型孤独症儿童，无法扩展到排除这样条件之外的儿童身上。另外，孤独症儿童所存在的问题也不全是环境因素所致，还存在着一部分先天性因素。在选取被试对象的调查中，发现有部分家长会因为面子、情感、信任等各方面原因，不能正视孩子存在的问题，即使发现也不愿意承认孩子有问题，一拖再拖导致孩子错过了最佳的干预治疗时期。我觉得可以从家长及社会对于障碍儿童存在刻板观念的角度，做更深入的思考和探讨，帮助更多的孤独症儿童尽早接受干预治疗。

美术教育是一个漫长而连续的过程，如何将治疗性美术教育融入普通学校教育中；如何运用更加多样化的媒介更普遍化的实施，都是我们未来美术教育中需要关注的重点。

参考文献

[1] 张艳. 融合教育背景下适用于自闭症儿童的小学美术教学个案研究 [D]. 上海：东华理工大学，2021：24-32.

[2] 罗平. 绘本在智障儿童美术教学中的实践应用探究 [D]. 重庆：西南大学，2020：12-27.

[3] 高赟. 美术教育促进自闭症障碍儿童心理发展 [D]. 四川：四川师范大学，2007：36-

44.
[4] 周一新. 自闭症艺术疗育教学评价研究 [D]. 浙江：杭州师范大学，2020：40-48.
[5] 秦建杨. 自闭症儿童绘本插画的艺术表现 [D]. 北京：北京印刷学院，2015：5-19.
[6] 卜凡帅. 自闭症幼儿图画书社会信息注意特征及教育干预研究 [D]. 陕西：陕西师范大学，2016：96-151.
[7] 王楠. 基于绘画治疗的自闭症儿童情绪表达辅导个案研究 [D]. 重庆：西南大学，2019：63-87.
[8] 罗恩菲德. 创造与心智的成长 [M]. 王德育，译. 长沙：湖南美术出版社 .1993：95-98.
[9] 李梅. 艺术治疗介入自闭症儿童兴趣培养实践报告 [D]. 吉林：长春工业大学，2016：2-9.
[10] 宁宇. 自闭症儿童康复中心环境设计研究 [D]. 北京：北京服装学院，2020：78-101.
[11] 程梅珊. 自闭症儿童社会融合体验式教学用具设计研究 [D]. 湖北：湖北工业大学，2020：56-75.
[12] 徐洁. 自闭症儿童共情能力的干预研究 [D]. 山东：济南大学，2021：22-45.
[13] 夏文秀. 论美术对自闭症儿童的干预和治疗策略 [J]. 才智，2022（18）：82-84.
[14] 栾华珙，李玉影，景时，王朝霞. 美术治疗提升自闭症儿童社会技能研究 [J]. 现代特殊教育，2019（21）：20-25.
[15] 王华. 对自闭症儿童开展美术治疗项目的研究 [J]. 风景名胜，2018（10）：87-109.
[16] 金磊磊. 浅谈美术治疗对自闭症儿童的意义 [J]. 中国文艺家，2020（07）：162-163.
[17] 钟庆. 特殊儿童美术治疗实践应用 [J]. 智库时代，2017（17）：62-64.
[18] 刁志华，王华. 打开特殊儿童的心窗——江苏省宝应县特殊教育学校“智多星”画社掠影 [J]. 江苏教育，2019（42）：50-81.
[19] Personality and Individual DifferencesVolume137，2019：45-49.
[20] Journal of Affective DisordersVolume302，2022：234-240.
[21] Universal Journal of PsychologyVolume 4，Issue 3. 2016：11-15.

分会场一：
国际艺术治疗学科前沿动态

主持人：彭　琳

此次国际艺术治疗学科前沿动态圆桌会议，汇聚艺术治疗领域的专家、学者和同学们，一起就艺术治疗的现状、受训体系及培养路径、发展趋势、科研、实践经验、职业发展以及本土化艺术治疗发展趋势等问题进行深入讨论。

在会议中，与会者们分享和交流了各自在艺术治疗实践和研究中获得的经验和知识，探讨了艺术治疗在不同国家和文化背景下的应用和发展。与会者们认为，艺术治疗在不同国家和地区的实践具有多样性和文化适应性，需要根据不同文化和背景来制订相应的艺术治疗方案。同时，他们也强调了跨文化交流和合作的重要性，以推动艺术治疗的发展和应用。

一、 在国际艺术治疗学科的前沿动态中，我们可以看到艺术治疗正逐渐受到全球的关注和重视。特别是在美国、德国和奥地利等国家，艺术治疗的发展呈现出快速上升的趋势。艺术治疗作为一个跨学科的研究方向和心理治疗方法，已经涉及多个学科领域，包括心理学、教育学、社会学等。它强调艺术作为一种治疗手段，通过创作、表现和分享的过程，帮助个体或团体解决各种心理和社会问题。

二、 近年来，艺术治疗的研究和应用范围也在不断扩大。除了传统的绘画、雕塑和音乐等形式，还涉及舞蹈、戏剧、诗歌等多种艺术形式。同时，艺术治疗的应用领域也在不断扩展，包括心理健康、康复治疗、教育辅导、社会工作等多个领域。

三、 与会者们还关注了艺术治疗领域的最新科研成果，了解了最新的理论和方法，以提高艺术治疗的效果和水平。他们探讨了如何将最新的科研成果应用于实践，以及如何通过科学方法来评估艺术治疗的效果。

四、 在职业发展方面，与会者们探讨了如何建立有效的艺术治疗师培养体系，提高艺术治疗师的素质和能力。他们认为，有效的培养体系应该包括理论学习、实践经验和持续的反思和成长。同时，与会者们也关注了艺术治疗师的职业发展路径和认证标准的问题，以推动艺术治疗行业的专业化和规范化。

五、 与会者们还探讨了本土化艺术治疗的发展趋势，如何根据不同国家和地区的文化特点，发展具有本土特色的艺术治疗理论和模式。他们认为，本土化的艺术治疗应该植根于本地区的文化和社会背景，尊重不同文化和群体的差异，同时也应该借鉴国际上的先进理论和经验，以推动本土化艺术治疗的创新和发展。

总的来说，本次国际“艺术治疗”学科前沿动态圆桌会议汇聚了来自世界各地的专家、学者和同学们，共同探讨了艺术治疗的现状、发展趋势和未来方向。通过分享经验和知识，与会者们深入了解了艺术治疗在不同国家和文化背景下的应用和发展，以及如何通过科学方法来提高艺术治疗的效果和水平。同时，他们也探讨了如何建立有效的培养体系和职业发展路径，以及如何发展具有本土特色的艺术治疗理论和模式。通过这些讨论和交流，与会者们对艺术治疗学科的发展和应用有了更深入的认识和理解，也为未来的研究和应用提供了宝贵的思路和建议。

分会场二：艺术之于特殊儿童教育的方法、途径与实践

主持人：陈婷婷

本次圆桌会议的议题是“艺术之于特殊儿童教育的方法、途径与实践”，主持人陈婷婷针对艺术治疗的定义和取向做了说明，并向大家介绍了自己的受训背景以及与艺术治疗有关的项目实践。比如，参与日本立命馆大学“小鸭子自闭症疗育项目”，该项目主要是做自闭症（即“孤独症”）儿童的游戏治疗，主持人负责幼儿组，幼儿组的年度活动目标是提高孩子的主体性和自主性；感知身边朋友的存在并与其有互动地游戏；有意识地进行场景切换进行游戏。每月一次，主持人所在幼儿组团队根据年度目标以及每个孩子的兴趣和特性设定每次的主题游戏内容，每次活动均以该月的季节和节日等儿童较为熟知的内容展开。随后，与会嘉宾逐一分享和交流了各自在艺术治疗实践和研究中获得的经验，共同展望了未来我国艺术治疗的应用和发展。

一、 与会者们非常关注师资培养，尤其是教师与学生的关系建立。希望通过儿童视觉艺术方向教育，帮助未来即将成为教师的学生去掉原有的美术理论框架，进行自我探索，提高敏锐度，学习如何用艺术建立关系。

二、与会者之一的上海某公益机构的负责人老师分享了她所在机构基于社区和学校的疗育项目。社区层面，2008年汶川地震后，该机构组织相关人员赶赴灾区，使用艺术的方式对灾区的孩子开展艺术治疗，用非语言的方式帮助受灾孩子进行表达和宣泄。在学校，针对随班就读的不同障碍的孩子，开展了融合教育的实践尝试，融合教育教会普通孩子尊重个体差异，为障碍孩子创造安心安全的环境，通过绘画的自由创作，互相协调，根据孩子的特点分配座位，活动规则的讨论等，开展自我认识和自我探索。

三、与会的南京特殊教育师范学院的美术学（师范）专业的大学生还分享了自己参加的实践项目，主要是通过五感训练和视觉传达，刺激孩子们的想象力，提升孩子们的创造力。这与现今较为普及的示范性和模仿性的美术教育存在本质区别。该同学希望未来可以创业，期望用五感训练，改善当前社会僵化的艺术创作现状。

四、与会的南京特殊教育师范学院的音乐学（音乐治疗）专业的应届毕业生还提出“可用AI取代不了人类的情感，来说服父母不要过于在意证书”。这位音乐治疗专业的毕业生在实习时，通过视频分享了对一位有发育迟缓的孩子开展了二对一的创造性即兴音乐治疗实践，是由一位音乐治疗师、一位辅助治疗师和一位孩子参与。针对孩子运动发育障碍但手臂很有力量的特点，该毕业生选择了用鼓的乐器，让孩子随着自己的钢琴节拍拍鼓，刚开始有辅助治疗师的辅助，孩子有一些无规律的拍打，后面慢慢地孩子出现了可以跟上钢琴有规律地拍打鼓面。在另一个干预场景，该毕业生弹着吉他，孩子跟着吉他的旋律发出喊声，声音由小及大，到后面孩子有了自己的旋律，老师弹着吉他随机跟上孩子的旋律。根据毕业生

后面的分享，我们了解了该孩子的成长经历，明白了此次尝试的目的是让孩子宣泄情绪，感受到成就感，从中建立信心。

五、 与会的南京一位职业技术学校的老师的分享，提及了自己的朋友有一位孤独症的孩子，常年辗转于各个医院和机构，此次参会是为了朋友。这位老师分享了自己所了解到的孤独症孩子成年后的严峻现状，在街道上很少看到大龄的孤独症青年或是其他残障人士，而这个与社会的包容度以及社会支持也有很大的关联。无论是何种障碍，当前社会还无法普及大龄的残障青年和成人，未来父母老后或去世，他们面临着无处可去、无人支持和照料的议题。

针对这个议题，结合残障人士接受社会援助的渠道以及志愿者和援助者如何接触到这些残障人士，主持人还介绍了日本的社会福利，也邀请在座的老师分享了国内的援助渠道。在会议的结尾，主持人针对孤独症成人的严峻现状表达相同的担忧，但也鼓励在场的所有老师，现在也有越来越多的老师和专家开始进行这方面的探索和研究。

分会场三：
中国艺术治疗现状及未来趋势

主持人：黄一莉

本次圆桌会议的议题是“中国艺术治疗现状及未来趋势”，首先主持人邀请南京特殊教育师范学院副教授范诚老师为大家带来了整合艺术治疗体验活动——千里姻缘一线牵。该活动融合了时间、空间、因果、关系，借由音乐和绘画等多种艺术介质，让参会嘉宾们体验了艺术治疗的魅力。在活动的开始，范诚老师首先简单介绍了线的意象，并带领大家通过身体感知各种线的意象。接下来，在音乐中，大家放弃视觉指引，运用非惯用手以绘画的方式完成了对右脑的启动。随后，范诚老师邀请了一位嘉宾上前和他在音乐中共同呈现了一段在关系中的双人绘画，并邀请下面观察的嘉宾们就画面进行个人发现的分享，大家借由台上呈现的线条互动，也都发现了自己投射在画面中的影子。最后，范诚老师邀请下面的嘉宾两两结伴，选择某个关系议题，共同借由绘画和线条，完成对这段关系的探索。由于每个人的特点不同，经历不同，互动方式不同，呈现的画面也便千姿百态，范诚老师通过一些提问，带领大家将绘画中无意识的部分提升到意识层面，发现自己的互动模式和成长空间，让大家受益良多。

一、 与会者之一——“北京源起自闭症儿童关爱中心”的教学副校

长杜新杰也跟大家分享了她们机构的工作方式以及在特殊儿童教育方面的成就。北京源起自闭症儿童关爱中心是一所致力于长期陪伴特殊需求人士的机构。旨在通过长期且持续的工作，基于每一个孩子的独特性与发展的阶段性，基于公共秩序和社交礼仪的基本规范，以艺术化、自然化、生活化的教育教学方式，全面提高特殊需求儿童的综合素质，并为特殊需求青年的照顾提供支持，为他们的成长及职业发展开辟道路。

二、 与会者一同探讨了中国“艺术治疗”的现状及未来趋势，各自分享一下自己的理解和看法。目前，国内的艺术治疗是个非常大的板块，不仅仅是面向无法参与正常学校学习的特需儿童，还包括很多相对健康的儿童、青少年和成年人。当下的社会大环境很容易造成各种焦虑，从而引发一系列健康问题，而通过绘画、音乐、戏剧、泥塑、手工等艺术活动便可以平衡我们的思考、情感感受和行为行动。不管是现代医学、古代医学、中西医还是顺势疗法、人智医学，在我们每个从业者的认知范围之内，我们都需要做到从病人（孩子）自身的需要出发，从我们对健康的人以及病人的哪种疾病的理解而出发，以人为本，再借助外部的支持来工作，由浅入深，循序渐进，让特需儿童找到健康的节奏和方式来表达、来输出，虽然他们有很多与众不同，但他们也同样有很多是跟所谓健康的群体一样的需要，需要被看见、被尊重、需要通过学习和劳动产生一定的社会价值和自我认可，需要发出属于他们的那些光亮。其实源起所做的艺术化教学，不仅是各种艺术形式，还包括贯穿在教学与生活中的艺术性，一句话，一个动作，一个眼神，都可以表达出很多信息，不管是对学生还是同事之间，老师怎样教学、怎样为人处世，到处都是艺术，那句老话，活到老，学到老，教育是终身的，我们借由艺术温暖自己、点亮自己，再去照亮身边的每个需要温暖的人。未来，应该会有越来越多的人了解这个板块，需要或被需要，我们在做好自己的同时，多与外部团队交流，保持开放的学习态度，引导并激发老师和学生的自我探索与成长之路。相信在大家的共同努力下，艺术会回归生活，回到每个人的内在并闪闪发光。

三、与会者之一的广东工业大学的周萍老师与大家分享了她的心得，即《东方艺术与艺术疗愈——论中国文人画艺术特质的艺术疗愈性》。她认为，东方艺术追求艺术与心灵的互通照应，通过艺术认知和实践来映射自己的内心，在知行合一的过程中不断提升认知结构和精神境界，实现自我对自然万物、天地之道以及圣人之德的性灵感应和心理投射，从而驾驭潜意识中的欲望和意愿，达到天人合一的境界。这种通往“超个人带灵性层”的东方艺术体验，是一种自我“修复”的进阶练习过程。中国文人画艺术通过绘画实践，情感升华，自我超越三个不同层面的艺术感知活动为个体性灵建构一种“自足”的心理机制，化解因现实与理想、个体与群体的矛盾而引发的心理危机，其不断自我超越的认知模式为当今艺术疗法的意识机制提供一定的参考价值。

四、与会者之一的扬州大学教育科学学院教育管理硕士研究生陈敬毅做了题为《多源流理论视角下我国师生心理健康教育政策议程研究——兼论艺术治疗干预可行性》的报告。陈敬毅结合现实因素，认为艺术治疗兼具高获得、低门槛的双重特点，分析了当前我国心理健康教育政策的研究的现状，提出中国艺术治疗的建构、解构与重构。基于此，陈敬毅运用多源流理论框架分析我国心理健康教育政策议程设置的动力因素，认为其问题源流可分为心理健康教育走向趋同化、心理健康教育与师生实际需求脱嵌、资源竞争加剧内卷化风险等现象；政策源流可分为专家学者咨政建言下的政策共同体的形成、相关政策效用初显中的政策溢出效应扩散、政府积极推动下的省域政策实践探索等特点；政治源流可分为党和国家对心理健康教育的理念与规划、人民大众对易获得的心理健康教育期待与诉求等特征，提出要精准聚焦问题源流、破解心理健康教育的现实困境，汇聚优化政策源流、健全心理健康教育的政策体系，广泛吸纳政治源流、提升心理健康教育的政治动力，助推三种源流再耦合、把握政策之窗开启的关键时机。

分会场四：
听障儿童艺术教育的本土化研究

主持人：陈　璇

本次圆桌会议的议题是“听障儿童艺术教育的本土化研究”，与会者都是从事艺术治疗课程教学、听障学生艺术教育的专任教师以及多位与听障儿童艺术教育密切相关人士，大家在南京特殊教育师范学院陈璇副教授的主持下进行了热烈而深入的探讨。

一、与会者之一南京特殊教育师范学院美术与设计学院朱天副教授以“近代特殊教育中艺术教育本土化发展探究”为主题展开发言，从特殊教育中的艺术教育发展的三个阶段对论题进行了深入阐述和讲解。美术与设计学院陆艳艳副教授以“特殊教育的教具创新设计研究”为主题进行分享，提出了有趣、实用的教具可以让学生更加主动地参与学习，从而促进学生的学习效果和提高他们的艺术素养。吕冰竹同学对分析了美术活动在园艺治疗中的作用，探索通过绘画、书法和传统手工制作等方式帮助特殊人群表达内心感受并增强自我认知和自我表达能力。

二、与会者共同探讨了听障儿童艺术教育的现状、面临的挑战，以**及本土化研究的重要性。对于听障儿童而言，艺术教育能够帮助他们打开**

心灵窗户，让他们感受世界的美好。然而，在当前的教育体系中，听障儿童的艺术教育仍然面临诸多挑战。因此，我们迫切需要发扬实事求是的精神，探索适合听障儿童的艺术教育方法和途径。

三、与会者都深刻认识到，艺术教育对听障儿童的全面发展有着不可替代的作用。本土化研究能够确保我们更好地满足这部分特殊群体的需求，让艺术教育真正地触动他们的心灵，帮助他们更好地融入社会。首先，我们强调了本土文化与听障儿童艺术教育的融合。大家一致认为，在教育中融入本土文化元素能够更好地满足听障儿童的学习需求。通过本土文化的传承，我们可以帮助他们更好地理解和表达自己在艺术领域的情感和想法。建议在课程设计中充分考虑本土文化特色，创造具有地方特色的艺术学习环境。在本土背景下，提供更多元化、贴近听障儿童实际需求的艺术教育资源是至关重要的。其次，我们也意识到推进听障儿童艺术教育本土化，需要整合各方面的资源，开展跨界合作。大家强调了整合社区资源、建立听障儿童艺术教育的支持体系很有必要性。听障儿童的艺术教育，学校、社区、家庭和行业之间的合作，需要社会各界的大力支持和参与。

最后，大家一致认为，“每一个听障儿童都是一颗独特的种子，艺术是滋养他们成长的阳光和雨露。让我们共同努力，让他们在艺术的殿堂里自由飞翔、绚丽绽放”！艺术教育的本土化，需要创新精神。当下日新月异的科技手段，在支持听障儿童在艺术领域的学习和创造力发展方面具有很大的潜力。大家希望在教学中能充分利用现代科技，为听障儿童提供更丰富的学习体验。